もくじ

鈍才先生　9

＊

考現学とは何か　15
ユニホーム以前のこと　32
「考現学」が破門のもと　58
下宿住み学生持物調べ（Ⅱ）　62
物品交換所調べ　69

＊

民家の旅　81
雪国の民家　86
南部の町家　93

物干竿《ものほしざお》　98
カマド道楽　103
子ども部屋不要論　109
室内というものの現実　118
思い出の品の整理学　123
景色買い　131

*

郊外・街路・書斎　137
早稲田村繁昌記　145
風俗は動く　159
うつりかわり　164

学ぶ態度と教える技術 171
人づくりの哲学 179
ジャンパーを着て四〇年 198
坑内帽 208
結婚披露の会での演説 212

著者略歴 220
もっと今和次郎を知りたい人のためのブックガイド 221

今和次郎　思い出の品の整理学

鈍才先生

このごろはエリートばやりだ、鋭才ばやりだ。私は生まれながらに鈍才だったような気がする。気がきいたことはできないまま、いろいろな経験をしてきた。鋭才だと、人の中でなにか存在を示していなければ気がすまないようだが、鈍才だと、人に邪魔されないし、人の邪魔にもならないでやっていける。

たとえば、博学で知られた柳田國男(1)先生をお訪《たず》ねしたときなど、「いまちょっと仕事をしているから待ってくれないか」と、書斎の隅《すみ》で一時間も二時間もじっとして坐《すわ》って待っていても、鈍才である私を、先生はあえて気にしないで済んだもののようだった。私の立場としては、そういうとき、先生のお仕事振りをとっくりと拝見できたことになる。鈍才ならばそばに坐っていても、仕事の邪魔にはならなかったようだ。そして、仕事がひとくぎりついたときに、「君」

といって、にっこりした表情で話しかけてくれたものだ。

そういうあるとき、こういうことを先生から注意をうけたことを記憶している。「わたしのように、なんにでも手をひろげる雑学に、はまり込まんほうがいいよ。あまり手をひろげると、まとまりがつかなくなる」というご忠言をいただいたのだ。しかし、そのお言葉を私はあまり気にしなかった。そうかなあ、と思っただけだ。鋭才ならとにかく、鈍才ともなれば、興味の赴《おもむ》くままに歩いていくほかない、と私らしく考えていたからだ。鈍才はめったに理屈はいわない。黙々として、といえば体裁はいいが、懶《なま》けたいとなまけて、そして気が向けば、鼻の向いた方へ、ということのほか行き方がないような気がしているからだ。

鈍才先生は、講壇に立っても、やはり鈍才振りを発揮することしかできない。自分にわからない質問に遇《あ》うと、それは私にはわからない。いっしょに考えることにしようよ。というふうに、宿題を自分のうちに残すのだ。すると、英才の学生の中には、それはこうではないですか、と教えてくれたりするので、なんのことはない、先方が先生で、こっちは学生のかたちになったりする。「おかげで一つ利巧《りこう》になったよ。お茶でも飲みにいっしょに行こう」と、出席簿もチョーク箱も持ったまま、喫茶店に坐り込み、また、それからそれと語り合ったりする。そうするのが、かつて講壇に立っていたときの鈍才先生の楽しみだったのである。

学問も仕事も、人生とともに永遠のものだ。生きているうちに、これだけはやっておかなければなどと考えたのでは、追われる者の心境になる。鈍才にはその日その日が存在するだけだ。

人間には、身体の都合も気分の都合もある。それを今日の機械主義で小刻みにやれよ、というのが、職場にいて定年の来るまでの多くの人々の行動になるわけだろうが、そうすると、赴くままに行動のできる機会というものは、定年後として、学校にはいる前の子どものときだけになる。子ども時代は親の扶養家族の一員として、また定年退職後は、なにかのかたちの社会保障の枠《わく》の中でだろうが。

しかし、英才先生となれば、そうはいかないもののようだ。英才先生は手ぶらでおることが不慣れのようだからだ。面子《めんつ》も体裁もかまわずに、楽しい読書でもして、というわけにいかないもののようだ。

（一九六八年 八〇歳）

ALPS

小松食堂

佐々木
喫茶

考現学とは何か

考現学

私たち同志の現代風俗あるいは現代世相研究にたいしてとりつつある態度および方法、そしてその仕事全体を、私たちは「考現学」と称している。「考現学」と称したかったのは、考古学に対立したいという意識からである。古代の遺物遺跡の研究は、明らかに科学的方法の学たる考古学にまで進化しているのにたいして、現代のものの研究には、ほとんど科学的になされていないうらみがあるから、その方法の確立を試みるつもりで企てたかったのである。

考古学とは何か、ということはここにあえて多くをいわなくてもいいであろう。浜田博士(1)によれば(『通論考古学』)、考古学は過去人類の物質的遺物(により、人類の過去)を研究する学なりといわれ、そうしてなんのためにということは漠然《ばくぜん》としていて、考古学はひとつのまとまりたる内容を有する科学というよりは、むしろ物質的な資料を取扱う科学的研究方法というを当れりとし、この方法によってその研究せんとするところはいかなる方面にても可なりとし、各専門家は各自の扱わんとする資料を考古学的研究方法で行なって、各自それぞれの効果を収めうることができるといわれている。そしてそれは史学と交渉してはじめて、考古学そのものの価値が発揮される、つまり史学の補助学としての価値あるものといわれている。

そうして私たちの企てている考現学（古にたいしては今、でなければならぬとの注意を受けているから、そうすると考今学といわなければならぬだろうが、それはどっちでもいいことにしておきたい）は、まえにのべた考古学のそれと、定義および目的が類似していると考えたいのである。考古学と同じくそれは方法の学であり、そして対象とされるものは、現在われわれが眼前にみるものであり、そうして窮《きわ》めたいと思うものは人類の現在である。そして考古学における史学と対立されるものとして、考現学においては社会学が当てられるであろう。すなわちそれは社会学の補助学として役だつものだといいたいのである。

考慮させられるのは、私たちのやりつつあるような研究はすでになされつつあるのじゃないかとの疑念についてである。しばしば私たちは当然な質問者のまえに立たされる。「西洋ではどうなのですか?」との問いのまえにである。未熟寡聞《かぶん》な私たちはまだ西洋でのそれをきかない。何か的確な研究書なり文献なりがあれば、ひた走りにそれにつくのを辞さないつもりでいるのだが、まだ私たちはそれに接する喜びをもちえないでいるのだ。わが国にもあるいは私たちのやっているような仕事について考慮し、そして仕事をしている先輩があるのかもしれないが、それについて確かな仕事をしているのをきかない(江戸時代の喜田川守貞《きたがわもりさだ》(2)の『近世風俗志』および各種の名所図絵のたぐいは、あるいは私たちの仕事とほとんど同じものであるかもしれないが、それらには分析的な科学的な色彩はみられない)。こういう理由から、私たちは仮に私たちの仕事を考現学ないし考今学と称し、Modernologioという一般名を付して紹介したいと思っているのである。

しかし、私たちの方法は全然とっぴなものではない。私たちのとほとんど同じ方法は現在の未開民族を対象として行なわれていることを思わなければならない。すなわち人類学者なり民族学者なりの仕事がそれである。それらの学者は普通その対象を未開民族に限っている。民族学なり、民族誌なり（Ethnology あるいはEthnography）のかの膨大な研究書ないし報告書は、おそらく各研究者たちに高波のように押寄せて運ばれてきていると思うが、それには未開民族の財貨その他の精細な採集図や、採集整理図に富んだものもある。必ずしも西洋においてばかりではない、わが国においてもそれらのすぐれたものがしだいに現われつつある状態である。それらの民族学ないし民族誌もある意味でまさに考現学である。現在の未開的民族の生活を対象としている考現学としてである。仮に考古学に先史考古学と歴史考古学とあるならば、考現学にも未開考現学と文化考現学（未開社会考現学と文化社会考現学）とがそれぞれ成立するわけである。私は、民族学ないし民族誌なる学問についてはこのように考えている。そして私たちの携わる仕事は主として文化考現学（文化社会考現学）であることをも認識したいのである。

このようにわれわれの考現学は、時間的には考古学と対立し、空間的には民族学と対立するものであって、もっぱら現代の文化人の生活を対象として研究せんとするものである。

研究態度

われわれはこの仕事をなぜはじめるようになったのか、そして現在われわれが研究にあたってどういう態度をとっているかをのべておきたい。

それは大正一二年（一九二三年）の震災のときからであった。しばらく私たちは、かの死の都から逃げだしてしまった芸術家たちと同じようにぼんやりしていた。しかし私たちはそのときの東京の土の上にじっと立ってみた。そしてそこにみつめねばならない事がらの多いのを感じた。私たちは、すくなくも私自身は、そこでまがりなりにも営業者としてのペンキ屋をはじめ、また小さい調べものをやったりして、毎日焼野の上をさまようた。私が眼にみるいろいろのものを記録することを喜んだのはそのころからである。そこで人びとの行動、あらゆる行動を分析的にみること、そしてそれの記録のしかたについてくふうすること、そんなことが、あの何もない荒れ地の上の私を促したのである。もちろんそれ以前、山のなかや不便な田舎の土地でいろいろな記録をつくる仕事に相当なれていたのだから、ちょうど、それらの環境でやったのと同じ気持ですすめたわけである。地震前までは、大都会における事物の記録作成ということはあまりに錯雑《さくざつ》なので、手に負えないものだと考えねばならなかったのだった。が、原始的な状態にかえったあの当時の東京では記録作成が容易であると考えられたのである。

その後おいおいと東京の復興工事がいろいろ進行した。そうしてついに、また元の東京らしい建設ができあがったかのようであった。

そこで私たちは、新しくつくられていく東京はどういう歩み方をするものかを継続的に記録する仕事をやってみたくなった。ちょうどそのとき私たちを励ましてくれたのは『婦人公論』の嶋中雄作《しまなかゆうさく》氏(3)であった。氏は同誌の全編集員をあげて、私たちの仕事の計画に参加させて、進行を助けてくれた。そうしてできあがったのが一九二五年初夏の銀座風俗調べ(4)である。私たちは、数日の間銀座の一角に立てこもり、数十頁にわたった通行人の風俗の集計記録に従事したのであった。それからあいついで、全東京の現われの認識のために、本所深川の貧民窟《ひんみんくつ》や労働者の街の風俗の調べ(5)をやってみた。そしてさらにそれらと対照されるべき山の手の郊外のそれ(6)をもやってみた。そしてそれらの仕事に従事したことからわれわれはつぎのように意識することができた。すなわちすべての風俗は分析され比較されてはじめてそれぞれの意義がはっきりするものであるということを。そして外面的な事項としては、ひととおり現代文化人の習慣に関する調査の技術にたいする小さいながらの自信ができ、やりえないこと、やりがたいこと、そしてやりうることのおのおのの限界を計りうる修業の初歩をやり終えたこととなったのだ。

偶然か必然か、実にそれは偶然か必然かである。——われわれ同志は（いずれも正業に働いていて、その余分の時間と余裕で考現学すなわち調べものに奉仕していたのであるが）現代の普通の慣習的な生活をしていなかったということである。第一衣服において、それは世間並みのものであるとはいえない。

現代文化人の生活ぶり、その集団の表面に現われる世相風俗、現在のそれを分析考査するのには、その主体と客体との間に、すなわち研究者と、被研究者との間に、あたかも未開人にたいする文明人のそれのように、患者にたいする医者のそれのように、あるいは犯罪者にたいする裁判官のそれのように、われわれ（調査者）が一般人のもつ慣習的な生活を離れて、常に客観的な立場で生活しているのであるという自覚がなかったならば、あまりに寂しいことのような気がするのだ（つまりかかるたぐいのはっきりした意識がないと、いわゆる役人式の調査になる）。

それで、われわれは各自、習俗に関する限りのユートピア的なある観念を各自の精神のうちにもち、そして自分としての生活を築きながら、一方で世間の生活を観察する位置に立ちうるのだとの告白をしたくなるのである。その境地があればこそ、われわれと現代人とは油と水との関係に立ってわれわれは現代人のそれを客観することが可能となる。

くどくなるかもしれないが、もうすこしその関係を説明させてもらうことを許してもらえるならば、われわれは世間にたいしては、羨望《せんぼう》も同情もいわゆる世間並みの形式ではもっていないのだといえる。そして現代人の生活ぶりを動物の行動や習性を注意する観点と同じ立場からみる。動物学者や植物学者が動物や植物にたいしてもつ態度と、われわれがわれわれの対象たる文化人に向けるのとは変わりがないのである。考古学の態度と照らしてみると、それは遺物遺跡にたいする心境である。街のショーウインドーの品物を歴史博物館の陳列品と同列にみるのである。このようにわれわれは眼前の存在を学的対象として尊重しながら、それらの分析と記録とを遂行していくのである。家庭における室内・押入れの内部・集会所・モダンガールのさまよう姿、それらのうちに立ち、それらの前に立って研究の仕事に従事している間、その室内、そのモダンガールの存在において、われわれはわれわれ自身もそこで生活している舞台だということを忘れているのである。そのわれわれの研究態度をわかりよくいえば、眼前の対象物を千年前の事物と同様にキューリアス(7)な存在とみているかのようなのである。実にかかる境地こそ私たちの仕事をして特殊なものたらしめる中心的な基盤であるといっていいであろう。

私たちはあえてうぬぼれていうのではないが、かかる態度を持するのでなければ、われわれのような調べそのものは生気をもってこないだろうと想像したいのである。

付加えなければならぬのは、私たちは自分たちの周囲に多くのいわゆる収集趣味家をもっていることである。いわゆる世間に生きる人びとのもつところの観念のうちに生活していて、そのなかで何かの収集なり好きごとなりをやっている人びとの群である。その人たちの享楽の形式は、私たちのそれと一見同様にみえることがあるかもしれないが、その人たちの仕事は全体としてある浅さにとどまるものであろう。しかし偶然がある的確な有効な調べのペースをあげうるかもしれないのだから、それらをも全然否定してしまいたくはない。

研究範囲と諸学との交渉

われわれは現代の各種のものに研究の手を広げてみつつある。そして広めていくにつれて、それらのおのおのにわれわれとして共通した方法や技術でやっているのを自省してみて、そしてひとつの仕事として提出してみたいと思うにいたったのである。なお、われわれの仕事の現状を客観するならば、そこにいまだいたらざるところが多いのを思わねばならない。すなわち考古学がそのはじめにおいて通過しなければならなかったところの研究対象の限界の漠然たる状態（なお、他の多くの学問の起こりはじめの状態であったそれ）に、現在のわれわれもさまようているのであろうことを思う。すなわち人類のいっさいの現在から、はたして、はっきりと何を私たちの対象としていくべきかについては――それは科学として徹底するためにはである――いまのところはっきりいうわけにいかないことを残念に思わなければならぬしだいであるが、おいおいと発達せる考古学のそれのように物質的なもの、すなわち現代人が使用しつつある財貨物についての方面に主に傾き、いわゆる風俗として包含すべき広き全領域からは退き、その一画に立てこもるはめになるのかもしれないと思われるのである。

そしていまのところわれわれが取扱っている調べの項目をあげれば、

1、人の行動に関するもの
2、住居関係のもの
3、衣服関係のもの
4、その他

というふうになる。

そしてこれらは都会において、あるいは農村においてのそれぞれがなされている。

そのひとつは、現代人の各種の行動に関するものである。地上をさまよい動いている人間の行動そのもの、そしてその行動から結果されている現われとみらるべきもの、または何かに影響されたる人間の行動そのものなどが対象とされている。そしてそれらの人間は、現代に生活している人びとなのである。われわれのこの項の採集例はいまだ貧弱であるが、十分な採集ないし研究を集めて積むことができるならば、純散歩的なもの、産業に関するもの、集会に関するもの、観覧物に関するもの、等々の諸項が成立するであろう。

たとえばここでは、都会における各種の人びとの各種の場合における歩速度や歩き方、腰のかけ方やすわり方、身体の細部における癖、街路上における通行人の構成、それにつれて起こる露店ならびに商店街の構成、公園の散歩者、各種の行列、演説会の光景、議場の光景、荷揚げ人足や道路工夫の活動ぶり、野や道における農夫、漁師の仕事ぶりや休養の状態、お祭りの人だかり、カフェー[8]の一隅や劇場の廊下、スポーツの観覧席などが調べられなければならないのである。そうしてそれらは、明らかに他の学たる社会学や、心理学や、能率学や、あるいは地理学などへの資料の役をはたすものとして、それぞれの学の特殊な問題のわれわれの方面からの追求としての位置を占むるものとなるのだと思う。しかしわれわれの仕事の効果は、その方法の独特なるにあり、他の学の研究者の見落としているものあるいは手の届かないところをやるにある。それらの項目を広げて、昔の風俗のことを思うと、いかに昔と現代との社会相が異なるかが明らかに考えられるであろう。

2以下の項目のうち住居に関するもの、衣服に関するものは、明らかに現在の考古学が遺物遺跡すなわち過去の時代の財貨にたいして施行している態度のそれでやりたいのである。考古学者は古墳を発掘してそこから各種の出土品をえているように、われわれは各家庭のなかの一室一室ごとの品物を、微細なものにいたるまで落ちなく分析し記録するところの図表をつくることを努めている。それを続けることによって各階級者および各職業者のそれらがえられるならば、比較研究の資料としてのそれらの調べの提出は、現代人の消費物品について考究できる道をそこで成立せしめることとなるだろうと信ずるのである。

家屋自体に関する調査のわれわれが行なわなければならぬところも、それはいわゆる建築学とは異なった観点に立たねばならぬのである。われわれの目的とするところは、現代人の生活ぶりを説明せんとするためにあるのだからである。

衣服に関した調べは、それは住居内の財貨を調べることにおいても、その品目だけはつくされるのであるが、われわれの指摘したいところは、いかなる状態にそれらの財貨が消費物として役だっているかという点にあるのだから、さらに街路において、集会において、等々の、状態そのものの記録をつくってみなければならないことから調べを活躍させねばならぬ。とくにお化粧のていどはどこにいる一員としての状態かが調べられなければならず、結髪《けっぱつ》の状態はなんの街の通行者の一人として調べられなければならないのである。しかして、かかる調べをやるために、まえに掲げた人間の行動に関する研究が予備調査として必要とされてくるのである。すなわち、ある街路上のいつごろの通行者群の構成は、性・地位・職業・年齢などにおいていかなる混合状態にあるかがしられなければならない。そうしてその構成のうちにおける各人の衣服状態が採集され、そしてそれが分析され集計されねばならない。

このような立場からみれば、在来のいわゆる風俗研究は、単にただ著しく目につく個人の衣服その他を主として対象としていたかの感があり、われわれの追求せんとするところの全社会の消費生活の状態に関心をもとうとするところのそれからみれば、気まぐれに近いことだったと考えたい。著しいものを模倣《もほう》する、あるいは上級模倣から風俗の伝播《でんぱ》が起こるということを、単に観念のうえだけでなく、できるだけ数字的にそれらの現象を説明しようとするところにわれわれの仕事がある。この点ではわれわれは風俗研究のうえにいくらかでも画期的な仕事をなしえたことを自認できる。

そして同じく財貨を扱う学である商品学と、われわれの考現学との関係を念のために考えておくならば、商品学においては生産された財貨を単に価値（交換価値）対象物として扱うのに反し、考現学においてはそれを使用対象物として扱うにある。これらの場合における財貨そのものは同一物なのであるが、それに向ける観点を異にしているのである。そうして考現学においてはどこまでも財貨の使用されている場所で研究するのを原則とする。現在の社会の構成の分子が家庭であるならば、それの生活が営まれている家庭においてである。そうして特殊な部面として、兵営において、学校において、劇場において、街路において、等々である。ただし研究の手段として場合によりそれが商品としておかれてある場所で、すなわちショーウインドーで、あるいは製造場で調べる場合があるかもしれないが、それはその場合簡便だからにすぎない。原則としてわれわれの追求はそのものの使用されている場所で調べ、そうしてそれがどう使われているかに関心をもつのである。こうしてそこから財貨そのもののうちに含まれたる社会的意味がでてくるであろう。そこでわれわれの考現学は消費生活の学であるということも成立してくる。

さらに広く各地方のものをわれわれの方法で収集したものができるならば、それが積まれるならば、それぞれの地方生活の状態が手に取るように明らかにされるであろうことは推測できるであろう。そして一般に行なわれているところの地方誌の研究に、新しい方法をわれわれの考現学は供給することになり、いわゆる人文地理学に、その住居の章、衣服の章などに的確な資料が供されるだろうと信じたいのである。

このようにわれわれの考現学は、各種の学に寄与すべきところを、その独特な方法で努めているのであるといえる。が、ここにひるがえって、われわれの仕事それ自体は、だいたいにおいてそもそも何をなしつつあるのかを、さらに変わった方面から思ってみるならば、それは現代人の生活ぶりのいつわらざる記録作成の仕事をやっていることになり、ささいな事項までを含めた現代生活の案内書の頁をつくっていることになる。しかもわれわれは部分的な功利的目的のために収集しているのではなく、客体としてみた現代生活そのものの説明のために役だつ事項を選んで収集していることになるのだから、もしもわれわれの続けられる仕事の一大集成ができあがったとするならば、ここに、現代人の生活ぶり、あるいは現代世相を後世に残し伝えるための絶好なものができあがることとなるであろう。そうしてその頁のいちいちには、現代の各階級者の家のなかでの、または戸外での生活ぶりが手に取るように描かれているであろう。たとえば一紳士の散歩の途上における金入れのなかにはいくらぐらいの金がはいっているものであるか、その宴会場での光景はどんなものであるかなどの、そして一方の下級の人たちのはどんなであるか、それらのいちいちが、あたかも神の眼でみたかのように明らかにわかるものができあがるのであろう。

（一九二七年 三九歳）

ユニホーム以前のこと

考現学のはじまり

洋劇、翻訳劇がしきりに流行していた大正末から昭和のはじめにかけてのことだった。上野の美校[1]（現芸大）で、西洋ものの舞台の時代考証、つまり、住居、家具、小道具、衣装などの講義をやってくれという学生たちの要望に学校が応じて、非常勤講師という格で、あいつならばという声にうっかり私がひっかかってしまったのだった。

さあ、それから一〇年間ばかりは、勉強させられたものだった。丸善に通い、古本屋に通い、藁でもつかむ態度でガリ勉をやったものだった。

ちょうどそういうときに大正一二年（一九二三年）の大震災があった。幸いにして、住んでいた貸家は焼けなかったが、くずれてしまった。これは大変だ、これからはどうなるか、と焼け野原に化した荒廃した景色をながめて、悲しさと勇気とがわいたのだ。

震災からおいおいと復興するものとすると、どういう順序で育っていくものか、開拓地に新しい村ができていくかのような順序がみられるものかどうか、などとぐるぐる考えたものだ。

それにしても、根強い。どしどし焼け跡が整理されて、街という街に生きるものの息吹きがみえだしたのである。上野の山下あたりも、バラック建て[2]の街並みになったのは二年目から三年目にかけてであった。

大正一四年といえば一九二五年のことだったが、上野で講義を終えて、公園のなかを歩いて、山下まで出ると、その当時〝山本〟というカフェーがあって、そこでいつもひと休みすることにしていたが、学生たちもぞろぞろついてくる。そこで、ゆっくり雑談をやる。その場景を「街上のサロン」などといったものだった。

そこで、話がでたのである。「このように無から有がでるように伸びていくのだろうが、これを記録しておけば、後の世の、考証家はたすかるだろう。どうだ、やろうか、まず銀座街頭とゆこう、記録をつくる方法論はとっくり考えよう」というので熱心な有志たちといっしょに銀座の実地見学をしたのである。

その当時、東京駅前に丸ビルができた時代だ。そういう建物は地震にもびくともしないで建っていた。

その丸ビルあたりと銀座とは、当時の評論家新居格《にいいたる》さん(3)が命名した〝モガ〟たちの散策区域だったのである。それで第一次大戦後のショート・スカートのはしり姿が、チラホラとこの界隈にみられたのであった。

これ！ これ！ といって、私たちは、そのいわゆるモガの跡を追跡し、一〇〇人中にそれが何人、そして彼女らは、どういう散歩コースで、太くて曲がっている脚を横目でニラム男性、女性はそれぞれ何名、そして彼女はどんな買物をするか、などと、微に入った追跡をやったので、同人の一人がスリとまちがえられて警察へ、というエピソードもあったりした。

こんなことを予備調査のつもりでやっていると、マスコミがたかってくる。そこで、「ショート・スカートというものは、第一次大戦で、婦人も労働をしいられることになったから、鹿鳴館張りの長スカートではいけない。つまり、これからのモダンな社会を築くための姿なのだ。

それが日本にどのような順序で感化を与えるか、和装との対決はどうか、などを追求しなければ……」と吹っかけたものだった。

考現学という名は

一九二五年のことだったが、モガといわれたショート・スカートの女性は、実際数えてみると銀座でも一〇〇人のうちに一人だった。まちがいではないかといく度数えてみても一〇〇人に一人だった。少なくも一〇〇人に五、六人はいるんじゃないかという印象を与えられたのだったが。それで、印象には印象としての価値があるけれど、現実の数量をキャッチすることの意義はもっと大きいと考えさせられた。そしてどういう順序で、これからの和服と洋服との比率は変化していくものかということを、ひとつの課題とすることにしたのである。

銀座に洋装の比率がふえだしたのは、一九三〇年から、スカートがいくらか長めになって膝下までゆっくり下りてきて、そしてときの造形一般のムードであった流線型が、衿や、スカートなどに現われだしてからのことであった。そこで若い女性たちは、洋裁熱にとりつかれ、洋裁学校も、スタイル雑誌も、大繁昌《だいはんじょう》のきざしをみせだしたのである。それで洋装三〇パーセント、五〇パーセント、ついに七〇パーセントと年次的に上昇したのである。あわてだしたのは呉服部の番頭さんで、洋服にまけないようなあざやかな色の大柄ものの発注に夢中になったが、その結果、まるで長じゅばん姿で町を歩く女性たちといわれるような状況を呈することになったのである。

それはそれとして、銀座と対照的な江東地区の労働者街の状況調べに食指が動いたのである。同人吉田謙吉《けんきち》氏(4)のあっせんによって、『婦人公論』の編集長をしておられた嶋中雄作さんが、金のことを世話してくれた。銀座では千疋屋《せんびきや》の二階の一廓《いっかく》を借切りにして、お茶も食事も勝手しだいということにしたから、顔見しりの銀ブラ連も参加してくれた。けれども江東地区では、さすがに手伝ってやろうという人がなかった。しんみりと木賃宿《きちんやど》の一室で、労働者諸君の衣生活を数えた伝票を整理したものだった。――印ばんてんいくら、ナッパ服いくら、ゴム長いくら、地下足袋いくらなどと、街頭でとった伝票を集計したのである。

そういう浮世ばなれをしたやりかたをしたので、大学を出たばかりの文化部の記者たちは、無条件にとりあげてくれた。「朝日」の尾崎秀実《おざきほつみ》氏(5)、「読売」の村上正雄氏、それから「日々」の誰(申しわけないが名を失念。この某氏はドイツでヒットラーの情報を追うていたが、職務中に亡くなられた)というように、まるでわがことのように、書きたててくれたのである。

いうまでもなく、『婦人公論』に原稿を連載したのである。また、ちょうど新宿の紀伊國屋の田辺茂一《もいち》氏(6)が、親不孝にも家業を捨てて書店開業ということになった。その開店記念に、調べもの展をやらないかということで、同人たちで、図表や姿絵などを展覧することにした。そのときに、もっともらしい看板が欲しかったから、頭をひねったのである。考古学にたいする『考現学』はどうだということになった。日本人は横文字に弱いからおまけに、モデルノロジー(Modernology)とそえがきすることにしたのである。大新聞は筆をそろえてかきたてた。だから、会場の床が抜落ちはしないかというぐらい、連日満員の盛況だった。

しかし、考現学という旗を立てたばっかりに、一〇年間も教えをうけた柳田國男先生の心証をすっかり悪くしてしまった。「けしからん、君は」と、民俗学の畑から破門されたのである。

こうして民俗学は現在から過去の解明に、考現学は現在から未来の解明へと分離して進むことになったのである。

ペンキ屋もやった

震災で、焼け野原に放りだされた画家修業の人たちはまるで木から落ちた猿のように、なすことなく退屈していたのである。それは才能とエネルギーとのもったいない限りのことであった。共鳴者だけでもかり集めようじゃないか。そして、街の美化運動をやろうじゃないか。いうならばペンキ屋だが、それを「バラック装飾社」という名でやりだそうじゃないか、とは例の上野山下の喫茶店、いなカフェーでの即決事項であった。

さし絵画家も、本格の画家も、図案家も、そうか、やろうや、といって集まってくれたが、たとえば中川紀元《きげん》(7)、横山潤《じゅん》(8)、飛鳥哲雄、吉邨《よしむら》二郎(9)、吉田謙吉、などであった。

その仕事の第一号は、神田神保町の東条書店である。前金をちょうだいし、それで、ペンキもキャタツも、道具一式を買いととのえたものだった。一日働けばいくらと日当まで決めてかかったのであった。世をあげて、焼け跡に一日も早くバラックを建てようというときだったので、バラック装飾社の同人たちが、街頭でキャタツに乗って、羽目板に絵をかいている行動は、いやでも着目の的になったのである。

仕事の第二号は、上野山下の××時計店、第三号は、銀座のキリンビールの外壁と室内、第四号は、芝田村町の建築金物店、というように、あるいは直接の申込みで、あるいは建築家を通して仕事をちょうだいしたのであった。

そういう私たちの行動は、一部の建築家からは極端に罵倒《ばとう》された。建築美とは装飾を取去ってしまった、造形そのものを基本としてのみ成立するものである、という近代的アカデミックといえる立場でやりこまれたのである。しかし、そのときの私たちの行動は、そういう建築論に奉仕するつもりでやっていたのではない。震災をうけた人びと、つまり社会にたいしての行動なのである。マスコミはそううけとってくれたし、また一部の人たちからは、絶賛されたのであった。

東大の新人会[10]の流れの人たちの間に、その当時、東京の貧民街の代表だった江東亀戸の焼け跡に、セツルメント[11]を建てて、研究基地にしようという議が熟して、実施にかかろうというのだったが、その建物の設計を行動のはっきりしたこの節、有名な「バラック装飾社」の連中に頼もう、というので、私のところへ代表がやってきた。服部之総《はっとりしそう》[12]（明治維新史で有名）である。「セツルメントの設計を頼みたい、願います」ときた。その事業の公の代表者は、厳ちゃんという愛称で通っていた末弘厳太郎《すえひろいずたろう》[13]氏だったが、その厳ちゃんとも打合わせたのだった。

　こういう横の関係が固まっていたから、『考現学』のPRは、満点にうまくいったと思うのである。偶然だったが、末弘厳太郎氏もまえにかいた新居格氏も亡くなられたが、二人とも私と同年生まれだったのである。

ユニホーム以前の労働者

　本所深川のいわゆる貧民街（当時は貧民窟と呼んでいた）の西町から緑町五丁目までの歩行人の脚衣の採集図をお目にかける。ただし一〇月一〇日の雨天のときだったのである。

　この記録は一九二五年のことだったから、四四年前の過去を語るものとしてみていただきたい。この昆虫採集図かのような図の解説にはつぎのようにかいてある。

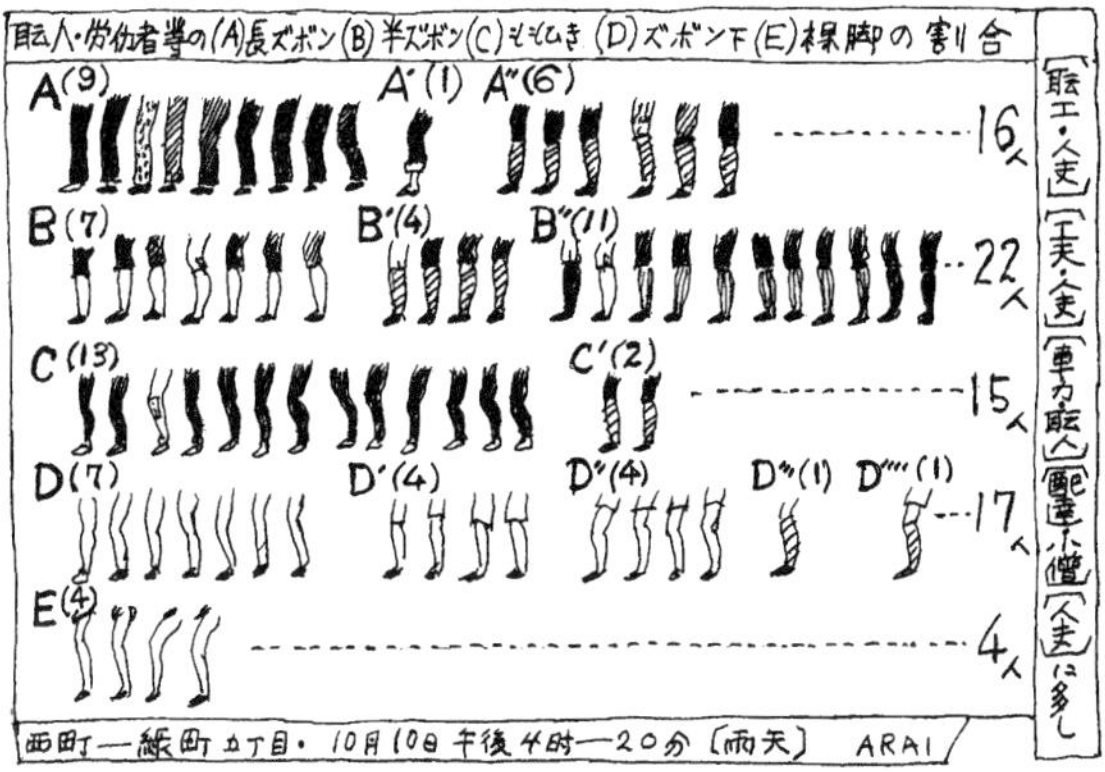

図1　脚衣の現実

深川の富川町といえば、貧民窟として有名であるが、家のない独身者、自由労働者と称される、いわゆる立ちん坊(14)の集まっているところだ。簡易旅館と看板のでている木賃宿は、三畳ひと間に三人のこみで、一人の宿賃三〇銭である。もっと東へいくと、家庭をかかえた工場労働者の家々のある地域になる。そのあたりには、でっかい煙突が立並んでいて、大きな構えの工場が群がっている。そして男たちは工場に通い、女は家で内職をかせいでいる。しかし、立ちん坊諸君よりも家庭もちの人たちのほうの貧しさが目につく。

こういう区域で、木賃宿に泊まって調べたのだったが、こういう区域で調べるのには、服装も表情も、その土地に同化してしまわなければならないし、またノートや伝票をむきだしにしてはだめなのである。そのために同人たちは、ポケットのなかでスケッチをしたり、文句や数字をかいたりする修業をしたものだ。調べる対象に調べられてるな、という意識を与えるようでは機微な調べはできない。

こういう体験から、私のジャンパー姿が板についたものとなったのである。

さて、図にでている上体衣も脚衣も、泥や泥水、石や材木のなかで働いている人たちのもので、それぞれの仕事のつごうに合うように、和洋の差別などを気にしないで、手当たりしだいにそこらにあるものを着ている状態が示されている。一〇月一〇日なのにシャツ一枚の人が多いのは、荷車を引いて汗を流している人が多いからで、はんてんを車にひっかけたりしているからだ。女性はさすがに筒袖よりも伝統的な普通の袖のものが多いしまたタスキがけの姿も多い。そしてこの小さい集計のなかに、うわっ張りのあらゆる形がみられるのも注目ものなのだ。時刻によっては、工場帰りの職工たちの職工風俗の行列になってしまう。

一〇月一〇日の午後四時から二〇分間、雨天の日の脚衣の調べには、いくらか仕事場から帰る人たちの様子が語られているが、これも、便宜のままのあらゆる組合わせがみられる。おしゃれ意識も、定型習俗というものもない、四四年前の東京の場末における記録である。

一年間ニセ紳士となる

いまから四〇年前、一九二九年から三〇年にかけて約一年間、慣れによって身についていたナッパ服を脱捨てて、背広を着て、紳士らしい調髪をして、革の靴をはいて暮らさなければならないめぐり合わせになったのだ。

なぜかというと、それはこうだった。「君も世界を見て回ってこい。まあ一年間アチラで何やかやとみて歩く費用が学校からでることになったから、いってこいよ」と、先輩の先生から申渡されたのだ。とにかく「建築美術見学のため」という名目にしておいたから、よろしくやってくればいいのだから、ということだった。

このごろならば、二、三週間でぐるっと飛行機でという手もあるが、四〇年前にヨーロッパへいくのには、シベリアの鉄道か、インド洋回りの船かで、というゆうゆうたる時代だったのである。外国だってなにも紳士ぶらないで、ジャンパーでいいじゃないかという忠言もうけたが、また、ヨーロッパというところは、古いんだからそれじゃ通らないともいわれた。紳士らしいかっこうをしていなければ、こんにちの日本の一流（?）ホテルのように、ドアマンによって入場お断わりとやられる。日本でならば、そういうホテルとは、こっちから絶交しているのだけれど、せっかくアチラまでいって、お断わり、お断わり、をくったのでは神経が疲れる。アチラばかりではない、船でいく、その船の食堂の席につくのには、ほんもののニセものにかかわらず、とにかく紳士の装いである背広服を着用していなければ、日本の船でも通らないことになっているという。三度々々、食事は船室に運んでくれというのでは、こっちもくさる。思いきって、ここは俗人並に、ニセの紳士になってと決めたわけである。妻ととっくりと相談してみた。その結論は「いやだろうけどいくことにしたら」というのだった。

それで、おお急ぎで、ニセ紳士に化けるための買物を整えたのである。神戸から船に乗った。ひとかどの紳士のかっこうをして、見送りにきた家族たちにハンケチを振ったのであった。それが、じぶんのジャンパー姿へのしばらくの決別でもあったのである。

さあ、これで島流しだ。数々の国々の習慣もことばもしらないで、外国に旅をするということは大変なことだと決めてかかったためであるが、船室に落着いてから、あらためて、船のサロンにいってみると、顔をしっている同志の誰もかれも、というように、乗船していたのだった。先輩では、平福百穂《ひらふくひゃくすい》さん、(15)松岡映丘《えいきゅう》さん、(16)その門弟の長谷川路可《ろか》さん、その他の画家、そして、何々大学の先生、史学、社会学、経済学、法学という専攻者たちだった。画家たちとは、同窓の関係でしっておったのだが、他大学の先生たちとは、さいきんの『考現学』や、私の編集名義になっているその当時新刊の『新版大東京案内』(17)(中央公論社刊)などで、「あいつか」というていどにしられておったわけだった。

それで、無難に、港々で、という調子でニセ紳士の旅への途は進行したのである。

パリ遊学

遊学ということばだか、文字だかが、私の場合には、いかにもふさわしいのである。

マルセーユに船がついて、まっすぐにパリへいった。そしてパリで四カ月間遊学したのである。私のような鈍感な者も、パリにおれば不自由はなかったから、町家の屋根裏住まいとまではいかなかったが、朝食だけを食べさせてくれた寄宿舎住みで、つい一〇〇日余りも暮らしてしまったのである。

そうして落着いてみると、日本人はおるおる。とくに絵の修業の日本人はパリにうようよ集まっているのである。有名無名の画家たちの群れがである。しかしなんとなしに、彼らは寂しがっているようにみえた。

一九三〇年といえば、第一次大戦後のショート・スカートの末期で、これからはいくらか長めのスカートを求めて、という時期だった。その後ドイツにいってわかったのだが、すでに第二次大戦のきざしが、ヒットラーのもとで芽を吹きかけておった時期だったのだ。このことについて、帰ってから、銀座のカフェーで新居格さんと、スカートと戦争、その合理化とロマン化、などというテーマで張合ったものだった。

しかし、ヒップラインを重点に美しくみせる長めのスカートを実際みたのは、帰路アメリカに立寄ってからで、ヨーロッパの大衆は、まだ、第一次大戦の結果とも反省ともみられるショート・スカートばかりだったのだ。

たとえば、パリの裏街を歩くオバサマたちは、朝早くショート・スカートの姿に、春のぽかぽかする陽気の日なのに狐の衿巻を背負うように肩にかけて、買物かごをさげて、朝食のパンを、あの長いフランスパンを買いにゆく図がみられたのである。

それはそうと、君の本職のほうはどうだったのだと問われるだろうが、それはちゃんとしたおぜんだてで進行させていた。雪の研究家の中谷宇吉郎《なかやうきちろう》さんの弟さんが(18)、パリで考古学と取組んでいて、博物館のマネージャーたちとじっこんにしていた。そういう手づるで、博物館の研究室に自由に出入する便を与えてもらえた。そこで研究室のふんい気のなかで、主としてフランス人たちのご自慢である中世寺院建築のデテールを勉強したのである。ややこしい細かいことをつついておれば、半日でうんざりしてしまう。あと半日は解放された心境で、名もなき街々をぶらついたのだった。

街を歩いていて、道楽気が起きたのである。どういう道楽気かというと、「紳士淑女以外」(19)

の姿を収集してみようという道楽である。そのために帳面を一冊買った。みんなが注目するのは、選ばれたる紳士の姿や、レディーたちの姿なのだが、私には本職は別にある。だから、おしゃれ以外のおしゃれの探求を、気の向くままにやってみようということになったのである。

工事中の建築の現場で働いている職人たちは、大工も石工も、日本でいうナッパ服をゆっくりと着ている。そしてそういう連中は、夕方、仕事を終えて帰るときには、酒（ブドー酒）のビン（日本の五合ビン）をさげて、赤い鼻をして、かみさんのいるところへと、夕日とともに帰ってゆく（ミレーの晩鐘という絵の都会版）そういう姿をスケッチしてみようと思ったのである。それらにはユニホームといえるものも、そうでないものもあろうが、とにかく「紳士淑女以外」といっていいものをである。

破損したからだの老兵たち

長脇差のようなパンをかかえて、朝食のテーブルに急いで帰るパリのかみさんたちのショート・スカート姿とともに、第一次大戦の戦傷兵たちが、街にも公園にも、みられたのは一九三〇年のパリであった。大戦が終わって一二年になるのに、まだ、戦後の社会政策は整うまでにいたらなかったのだろう。街の建物の守衛だとか、博物館の案内者とかのように、職についている戦傷者もみられたけれど、放たれたもののように、街のそこここに不幸な姿の人たちが疲れた表情をしていたのがみられたのである。戦争というものの悲惨な印象が、その当時第三者であった私たちに克明に与えられたのである。しかも職についている人たちの胸には勇士であるという印の勲章が飾られていたりしたのだった。

第二次大戦後、日本でも、街頭や乗り物のなかに戦傷者がみられたのであったが、日本の彼らは、病床衣とみられる白衣を着て、人びとの同情を求めていたのであるけれど、一九三〇年のパリの戦傷者たちは軍服（くたびれた軍服）を着ていた。それは戦勝国の軍人であるという当人たちの誇りからか、いまだに大ナポレオンの崇拝者である大衆に答えるためか、比較的明るい表情だったのである。あとで、ドイツにいったとき、そこにも戦傷者たちが街にみられたが、敗戦国の戦傷者であるせいか、いずれも暗い表情だったので哀感をそそるものがあった。

そして、一九三〇年には、すでに、ヒトラーが強大な勢力を示して立ちあがりかけていたのである。

よぶんな心理学をかいてみたくなる。故国を離れ、わが家を離れて、遠く離れた国で、相当長い年月を、仲間意識で多人数で暮らしていると、あの人がと思うような人が、とんでもないことをしでかしたりするものだということを、パリの宿舎で体験させられたのである。ちょっとしたことから、大げんかになり、分別盛りの紳士が罵言《ばげん》を残して、突然、どっかのアパートへ姿を消してしまったりする（わずか四ヵ月のことだったがこんにちの国際関係とはこのような紳士たちの行動で暗示される危険性を含んでいるのか、と考えさせられたのである）。寄宿舎というおもちゃ箱のなかに、それぞれの学問にこりかたまっている人たち、ユダヤ研究家、歯科学者、外交研究家、教育学者、文学研究者、などという、日本の各大学の教員の控室然とした人びとの泊まっている宿だから、理屈がやかましい。

救われたのは船で一緒だった平福百穂さんたちから、ときどき夕食に誘ってもらえたことだった。平福さんは、私のスケッチブック「紳士淑女以外」をとりあげて、「あんた絵がうまい」とほめてくれた。けれども絵そのものではなくて、アイデアを認めるよ、ぐらいのほめ方だとうけとったのだが、それにしても、美校の日本画の正教授から「絵がうまいもんだ」とほめられたのはうれしかった。

娯楽的ユニホーム

ラテン系の文化がみられる国々は、イタリア、フランス、スペインなどであり、ゲルマン系の文化を学びうる国々は、ドイツ、オーストリア、チェコスロバキアなどであるということは見当がついていたのであるが、ヨーロッパ各国の、国や都市で経営している博物館をみて回ると、そのことがはっきりわかる。

イタリーの寺や宮殿を見学して回り、街を歩いていると、偉大な造形的オーケストラがかなでられているなかを歩く感があるし、いくらか充実感が薄められるけれど、フランスの博物館の陳列品や街々には、理屈なしに芸術味にひきいれられるものがある。

けれども、ゲルマン系の国々の博物館をみて回ると、芸術味はいよいよ薄れて、民族的なこだわりといいたいものが濃くなるのである。ドイツにはロココ・スタイル(20)の宮殿も建てられているけれど、それは本場のフランスのもののように、欲求に促されるまま、伸び伸びとした心境でつくったというものではなくて、理屈ででっちあげたという感じのものになっている。しかしそれだけに、生活的な文化財だといえる民族服などになると、ゲルマン系の国々でなければといいたくもなる。

都会的な、また富裕な、またはラテン的な、境遇や心境の人たちには、一七〜一八世紀の昔から、もっぱら流れ移る流行スタイルをおっていたのだから固定した娯楽的ユニホームとみられる民族服というものを捜せない。

たとえばパリの考古博物館で、一九三〇年ごろには、ノルマンジー地方などの特色のある農民服を並べていたコーナーがあったが、そういうやぼったいものを、館長がじゃまもの扱いにしていた。私はそれをていねいにスケッチしていたらば、「人形ぐるみそれを差しあげましょうか、お持ち帰りになりませんか」といわれたが、民族服には全然興味をもっていないという態度だった。もしも、そのとき、渋沢敬三《しぶさわけいぞう》(21)さん(常民文化にかかわる物件の収集に熱心な、日銀総裁・大蔵大臣をつとめた友人)に連絡がつくならば、もらいうけようと思ったのだが、つい果たさずにしまった。渋沢さんからは、ヨーロッパへいくのならば、ぜひストックホルムのスカンセン(22)(戸外民族博物館)をみてくるようにとすすめられたのだった。

ヨーロッパの国々でみると、農民服あるいは民族服は、二、三代前、いなもっとまえからの祖先たちの着た晴れ着を愛蔵しているのを、祭りの日とか、祝いごとのときなどにだして着る服なのである。そしてそれが、○○国の服、○○地方の服、○○村の服というように、シンボルの役をしてくれているものなのだ。

日本の田舎でも、山村の物持ちの農家の納戸には、おばあさんがお嫁にきたときの衣裳を納めているタンス、そのおばあさんのおかあさんがお嫁にきたときの衣裳を納めているタンスなど、大切なものでもあるがじゃまものでもあるものが温存されているのをみせられるのがしばしばである。しかし、日本の着物は、古いものも、江戸形式の流れをおう固定したスタイルだから、柄や色が変わっていたとしても、公衆のまえで着てという欲求が起こるまい。お祭りのときのユニホームといえば、新調のそろいの柄の着物で、というふうになろう。

この点、万博(23)と着物とのからまりは、ちょっとややこしい。やはり芸者が、芸者の衣装が着目されることになるのかどうか。

北欧民のユニホーム

都市的な文化に浴して暮らしていたラテン系の人びとの好みと、荒涼たる原野や草原地あるいは荒海のうえで暮らしていた、いわゆるゲルマン系の人びとの好みとは、当然違うものだったことが、このごろのヒッピー族やフーテン族の姿でも気がつくのだ。服装そのもの、もっと局限していえば、アクセサリーそのものも、まるで質が違うのだった。実はさいきん、アクセサリーのことを調べていて、偶然そのことに気がついたのであったが。

デンマークからスカンジナビア半島に渡ると、風景も違ってくるが、住民の様子も違うのに気がつく。人びとの眼は澄んだブルーで、髪の毛は明るいベージュ色で、そして民族服だといわれている装いは、女性たちが着けている真赤なエプロンである。しかし、それが自分たちの仲間の服装なのだという差別意識などなしに身につけているのである。

それだけではなにもこんにちのヒッピーと並べて考えるきっかけはないのだが、海岸の町々に記念物として保存されている、海賊《かいぞく》時代の船だとか日常の器具などをみると、それらについている、ぐりぐりした渦線の飾りが、そっくりヒッピーの飾り紐《ひも》を思わせるのである。意識してか偶然かだが、もともとそれは、土民たちの原始信仰の象徴で、つまり昔むかしのドラゴン（竜）の神話からでているといわれるものであるが。

素朴だった時代にある神を信仰する同志は、おのずから同じようなよそおいをし、同じアクセサリーをよそおうようになる。素朴な信仰者たちのよそおいはこうしてユニホーム化するとみられるのであるが、このことを逆用したのが近代の学童服、工員服、その他の団体服とされているユニホームだと解釈できるようである。服装の同一性によって、共同心が育っていく。そして、この原理をポリシーとして適切に利用しているのが、今日のユニホームなのだといえるのではないか。

それはとにかく、スウェーデンのストックホルムには、国の経営になる大規模の博物館がある。陳列の方式は、館を中央で二分して、一方は王室中心の物件を、他方は庶民たちの生活を物語る物件を、となっているが、その庶民たちのものだった品物には、繰返し、繰返し、北方的な筆法の装飾が施されているのがみられるのである。いうならば、服装ばかりでなく、すべての家具、什器《じゅうき》が、伝統的な装飾でカバーされることによって、ユニホーム化させられているといえるのである。

それにたいして、王家で使用していた物件は、中央文化、この場合には、ローマ的ラテン的文化、そしてフランスの王家によって継承されている、それが、デザインのお手本になっているのである。王や王の家族たちが、ヨーロッパの中心にあるパリの都を訪ねるときには、おそらく胸がわくわくしたものだったろう。それで、ルイ一四世時代のバロック・スタイル(24)のもの、ルイ一五世時代のロココ・スタイルの物件などというふうに王家愛用のものが飾られているのである。そして、庶民たちのものは、あくまでも民族的で、ユニホーム的であることとの対比は壮観である。

さきに記したようにパリの博物館では、田舎のもの、民族的なものを蔑視《べっし》してじゃまもの扱いにしていたのをみたが、これに反して、ゲルマン系の諸国においては、どこの博物館でも、自国のもの、庶民たちのものを堂々と並べてあるのには考えさせられた。ヨーロッパというところは二つに分かれているらしいことに驚いたのである。付加えていえば、ソビエトでも、庶民的なものを尊重していると推せられるのであるが。

（一九七〇年　八二歳）

「考現学」が破門のもと

性分によるのだろうが、ものを考えたり書いたりする仕事場は、ガラクタだらけの場のほうが私には似つかわしいようなのだ。子供のときからそうだったのだ。物置の屋根うらにチョコナンと坐わり場をつくって、自分の居場所を構えたりした記憶がある。あの子は馬鹿なのか悧巧なのかと、親たちもぐるりの人たちも頭をかしげていたようだった。幸いにして教育ママというものが、明治二十年代にはいなかったから、治外法権の中でのんびりくらすことができたのである。

小学も中学も成績は中以下だった。人なみに当時の高等学校の入学試験を受けたが落第だった。方針をかえて、学科の試験はなく、絵を一枚だけではいれるか落ちるかがきまる美校に受けて、どうやら入学ができた。はじめのうちは殊勝にも、草花などを克明に描いたりしていたが、そういう修業よりも、動物園へいったり、浅草公園でぶらついたりする日が多くなった。そしてとうとう五年経って、卒業ということになって、いくらかものの理屈がわかりかけた。美術学校という看板は、本当は「美術製作並販売者学校」とかかなければならない所だったのである。製作のほうはとにかく、それを販売するほうの能力は私にはないなあ、と気がついた。

それで、早大に出来たばかりの理工科の小使兼助手ということで、月給を頂戴するようにお願いしたのである。有難いことに、年功加俸という仕組みの中で、位もあがるし、月給も増えて、四十歳を越えて、ようやく結婚してもどうやらとなったわけである。

人のやっていることは自分にはできない性分、つまりタブーなのだが、たれもやっていないことならやってみたくなる。つまりヘソ曲りなのである。だから、アカデミックな学問という尺度ではゼロ級の奴だとなるらしい。

そのゼロの人間をひろいあげてくれたのは、柳田國男先生だった。「君、田舎を一緒に歩こう、私にはパスがあるから君の汽車賃は払ってやる」というのでお伴をして歩くことになった。図工として挿絵師として先生の役に立つぐらいはつとまるからと考えたのである（月謝を納めて習ったのだから今でもときどき挿絵画家の仕事をやったりしている）。それで農民の表情が読めるようになったし、農家の家作りも学ぶことができたのである。ところが民俗学の柳田先生に不義理をすることになってしまった。農林省の農政課長だった石黒忠篤《ただあつ》（1）さんが「役所から旅費が出るように工面してやるが、春休み、夏休みに、全国の農村を見て巡らんか。将来必ず農民の生活が問題になると思うが、そのときに君に働いてもらいたいのだ。報告も何も要らない。君の胸の中に農家の実状をはっきり納めこんでもらっておけばいいんだ」という話だったが、それを素直におうけしたのだった。しかし、考えると、同じ農村のことでも民俗学の対象としてのそれと、生活行政の対象としてのそれとは、だいぶん違う。でも同じ農村のことだったので柳田先生も見逃がしてくれたのだった。

　しかし、そうして農村歩きをしているときに、関東大震災があった。そのことで、農村のことをわすれてしまって、当面の東京の復興をみつめずにおれなくなった。なすことなく手ぶらでおる画家たちと、バラックの街のペンキ屋をやったり、ゼロから歩み出す街の容態の記録をやってみたりしているうちは無難だったが、つい仲間たちの意気込みにひかれて、街のしらべをもっともらしいものにみせかけるのに「考現学」という旗をたてた。それがいけなかった。柳田先生から破門の宣告を頂戴してしまったのである。

破門されてはっきりしたのだが、民俗学は過去を探り、考現学は未来を考える立場だと。たとえば、震災当時のスカートは、今日のミニとは意味のちがったショートスカートだったが、来年は、再来年は、それはどれだけの長さになるか、などと推考するのが考現学の立場だとわかったのである。

（一九六九年 八一歳）

下宿住み学生持物調べ（Ⅱ）

学生の持物診断

「暮れの新聞にふさわしいなにか……？」を提供すべく、棚の袋を捜して、もっとも適当だろうと思うものを差しあげることにしました。

先生の書斎のぞきや、お顔拝見などがのっけられてにぎやかにされていますが、これはそれへの逆襲で、学生の下宿屋調べのひとつです。

私は個人所有全品調べというのを始めてみていますが、もっているものを全部図表にかきたててみますと、ずいぶんみごとなものができ、個人々々を比較すると、それらの個人の傾向なり性癖なりがかなり明らかにうかがえるので、ますますそれを続けてみたくなり、機会をつかまえては努めてみています。

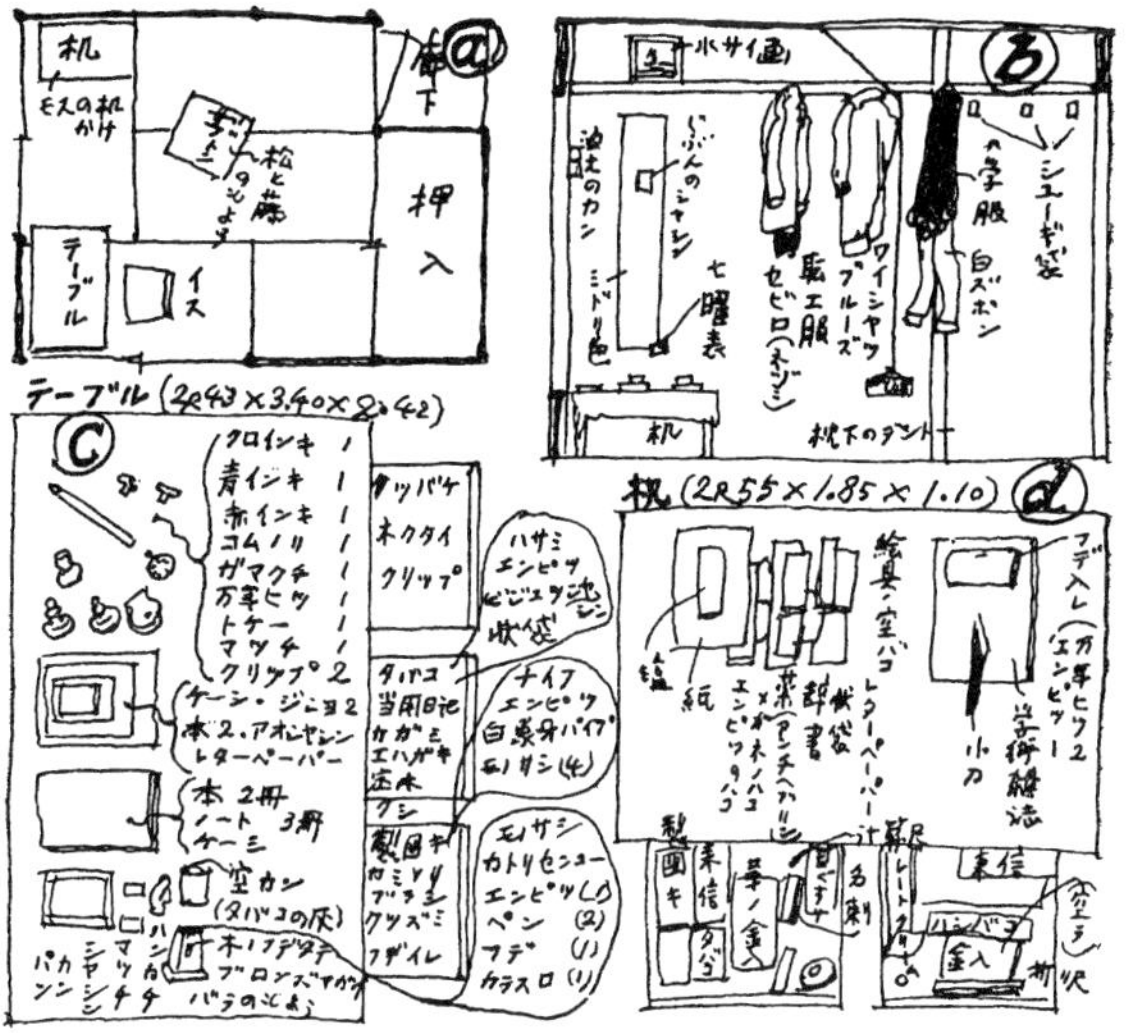

図1　室のなか

出井盛之氏《いでいせいし》[1]の『足袋《たび》の話』をさいきん贈られて拝見しましたが、日常ありふれた足袋というものをメディアムとして、わが国の生産経済の変移をみごとに説明されておられるのに喜んでしまいました。私が道楽半分につきすすめてみたいと思っているのはちょうど出井氏の足袋の研究とうら腹の関係にある事項で、どんなに品物が消費され、消耗されつつあるかということになるようです。

とんでもないことに感激させられたりします。街で重そうなボロキレの束《たば》を積んだ荷車にあうと、それと平行して歩きながら、その束の小口を検《けみ》し、注視し、その一束を欲しくなり、スリキレたメリヤス、その他いろいろの実測図をつくりあげてみたくなったりするのです。道楽者です。しかし、そんな空想やなんかと並行して、人の生活に必要な品物とは？……現実のわれわれに、という漠然たる考えごとが、私の頭のなかに、動脈と静脈の関係ではびこるのです。

ところで、掲げた図1を注意してもらいましょう。この四畳半の主人公は、生まれは名古屋、育ちが仙台で、親から送られる金は月六〇円（月謝その他臨時費は別）ですが、調べあげたところでは相当の物持です。そのひとつの理由は、純粋な下宿生活をしたのがついさいきんで、三カ月前に下宿したのがはじめなのだとのことにあるのでしょう。

理工科の学生なので、製図をするつごう上テーブルが必要とあり、すわる机が伝統的に、なお一つおかれてありますが、この二つは等分に使われるありさまがのっかっている品物によってわかります。自分自身の肖像《しょうぞう》を緑色のラシャを貼った床の間格の所にピン止めしたのなどは愛嬌です。

つぎに紹介する押入れのなかをごらんになりますといっそうこの青年の風流人たることが明

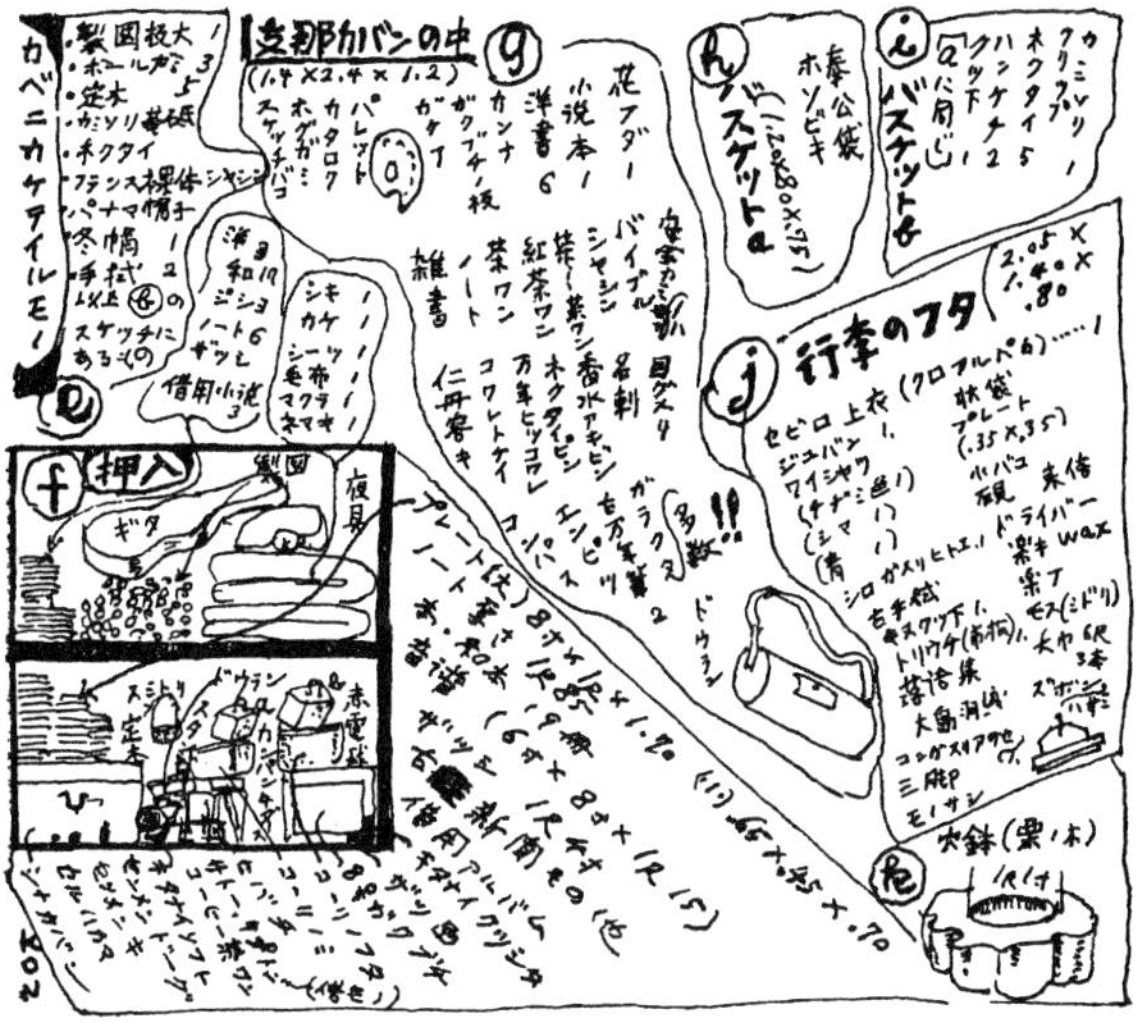

図２　押入れ・カバンのなか

らかになるでしょう。

乱雑な押入れのなか

矢来の交番から神楽坂への途中の古物商が、「カーネギーいわく無用のものを貯えんより、有用の一物を備えよ」とかいた看板を、よほど古くから掲げているのをご存じでしょう。またモリス(2)の装飾論に「必要なるものの他、室内におかざること」との個条があるのもしられています。

日本の住宅には押入れというものがあるから、西洋の虚飾家の室内と違い、室のみえがかりはガランとしているのが通則ですが、一日に幾度もコソコソ押入れをあけたてして用が便ぜられている。が、その襖なるものを撤して、押入れ内部に隠されているところをあかるみにだしてみますと、たとえばｆの図表のようなものがあるのです。ここの主人公はこの押入れの自己紹介で頭をかきました。品物の種類か、いれ方の不整頓なことかに主人公の頭をかく理由は帰せられるのですが、この場合は不整頓な乱雑なことについてのようです。セル(3)の袴《はかま》の首吊りがあったり、古靴下のネジ込みがあったり、雑品いろいろのゴッタの陳列は不思議な配列になっているので、あかるみで客観さるることにはちょっとこたえたのでしょう。

品目についてできるだけ忠実にそれらの記入をやってみました。家の系図、ホゴガミ、楽譜、額縁の裏板、洋書、小説本、花札、バイブル、仁丹《じんたん》容器等々、いちいち呼びあげるとあたかも奇術師の楽屋裏の観ありとでもいいたくなるのです。これは押入れの場合の変則な一例でしょうか？　おそらく誰も俺のこそは、とすすみでるひとがありますまい。では不用なるものうんぬんのモットーに対してはどうしたらばいいものでしょうか。

カーネギーはとにかくとして、モリスのことばにたいしては、私自身の装飾論からちょっと

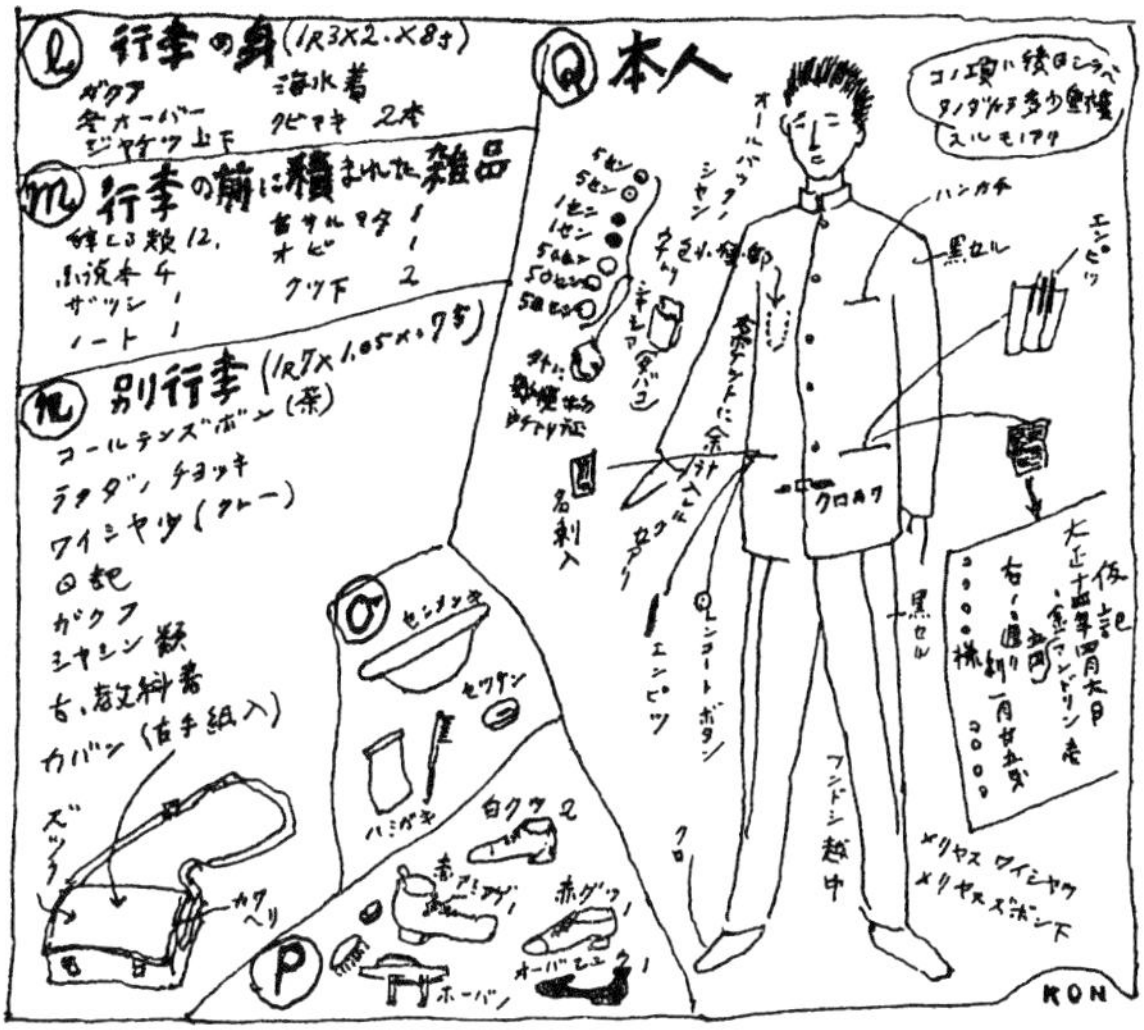

図3　洋服と持物調べ

批評してみたくなるのです。モリスは弱きセンチメントを捨てよ！　といっているのです。空想としては、それは成立するでしょうが、われわれの現実生活からそれを捨てさることは可能でしょうか。私は「センチメントのまにまにものに装飾価値が生ずる」と信じなければならなくなっている。そして装飾価値を、もの自体の美的価値とは認めぬ立場にいたいのです。

　生まれるから死ぬまで一代の間の所有品の表をつくって考えてみたならば、欲しかったものの羅列が何を語るでしょうか？　それらのすべてが俺に価値があった……と思わなければならないものではないでしょうか。それでは、過去に価値があったものでも不用になったらば、速やかに捨てされよ、速やかに！　でしょうか。問題は残しておくこととして、とにかく掲げた図表にこれだけのことばをささげておきます。

主人公の身体についたものをラストシーンとして掲げて敬意を表することにします。ポケットのなか、財布のなかには珍品がはいっているようです。とくとごらんを。

（一九二五年　三七歳）

物品交換所調べ

物品交換所は、戦後に現われたブラックマーケット(1)の品物の買えない人びとでにぎわってい て、そこには国民生活の赤裸々《せきらら》な面が展開されている。

物交の心理と交換所の誕生

統制時代になってから、お金というものはくすぐったい感じのものとなった。お金で物が自由に買えないのだから、家計簿などは、でたとこ勝負でせめて決算だけでもつけておこうといったていどになった。それになんとしても二合三勺《さんしやく》の主食配給で、しかも遅配欠配の苦しみをなめさせられては、誰もかれも買出しのつらい労働を迫られて、生きることのつらさを二重に負わされるにいたった。

しかし買出しの初期においては、近郊の農家にいくと芋や野菜物をお金をもっていけばしぶることなく売ってくれたのだったが、だんだん農民心理が裸になってきて、何かおみやげをもっていかなければ、おいそれと食料をだしてくれなくなる。お金ばかりでは、ということになってきた。実際子どもをたくさんかかえた農家では、子どもの服が欲しい、買いたくとも売っていない。つい買出しの人たちに期待し要求する心も自然だとみなければならない。そこで都会の人びとのたけのこ生活（身の皮をはぐように持物を売って生活すること）がはじまったわけだが、そこで農村の人たちは、子どもの着物から、大人の晴れ着へと欲しがるものが伸びていった。

こうして新しい即応の暮らし方が生まれたわけであるが、一方都会の人びと同士の間でも、自然と不用有用の品物の交換をしたらばという気運を生むにいたった。これがこんにち、街頭のところどころに、また百貨店のなん階かに物品交換所を生むにいたったそもそもの原因であると考えられ、取締り当局でも、ある限定のもとにそれを公認するにいたったといえるのである。

そこで交換所もばらばらではというのでその協会の店も生まれることになった。そこでは「日用品売却斡旋《あっせん》要綱」という規約を定めて、飲食料品、専売品（塩とたばこ）、進駐軍物資などは取扱いをせず、買受けはいっさいしないというたてまえで、出品者は米穀《べいこく》通帳（主食の配給をうけるための通帳）などを示し、依頼者および買受人の住所、氏名を記入する帳簿をつくり、手数料を両方から評価額の三歩を徴集《ちょうしゅう》し、不成立の場合はその一歩とし最高一件一〇円までとするなどというやかましい規定をもうけ、都民の利便をはかるのを目的とすることを申合わせているのである。

売る品物の仕入困難に直面した百貨店も卒先《そっせん》してこの事業をはじめたのである。在来の洋品店も呉服店も、そのからっぽな店構えを、物交所へと切替えたのである。

従来の古物商としての古着屋さんでは㊝（公定価格）にしばられて、闇（ブラックマーケット）に走らなければ営業不可能になった。たとえば東京地方、詳しくいえば関東信越地方物価局の二月（一九四七年）の背広服三ッ揃いの㊝は一、五〇〇円、六月には二、三〇〇円となったのだが、それに押さえられたのでは、仕入もできない。背広三ッ揃いの六月の通り相場が二千七、

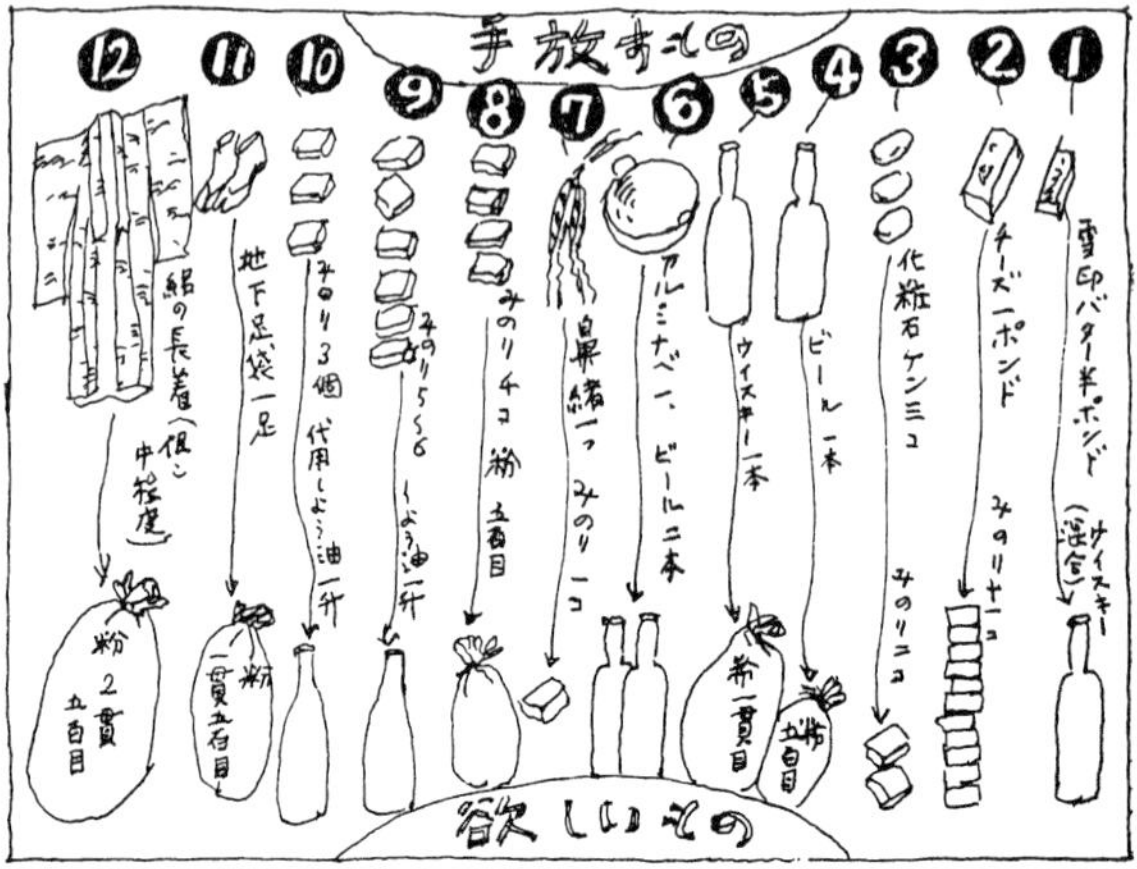

図1　物品交換所調べ〈1〉

八百円とはね上ってしまっているから、闇でなければ売買ができない。物々交換で、適正な口銭をもらえるのならば、というので古着店の切替えを、となってきたわけである。

交換品目にみられる世相

こんにちの交換所の店はどこの店もたいてい、ちぐはぐな陳列棚を利用している。そしてその光景は在来の古物店と呉服店とのあいのこといいたい様子のものである。一見して目につくのは、派手な着物類であるが、その下に古靴や、たばこ、酒ビンなどが雑然と並んでいて、そして帳場は多少うす暗く構えら

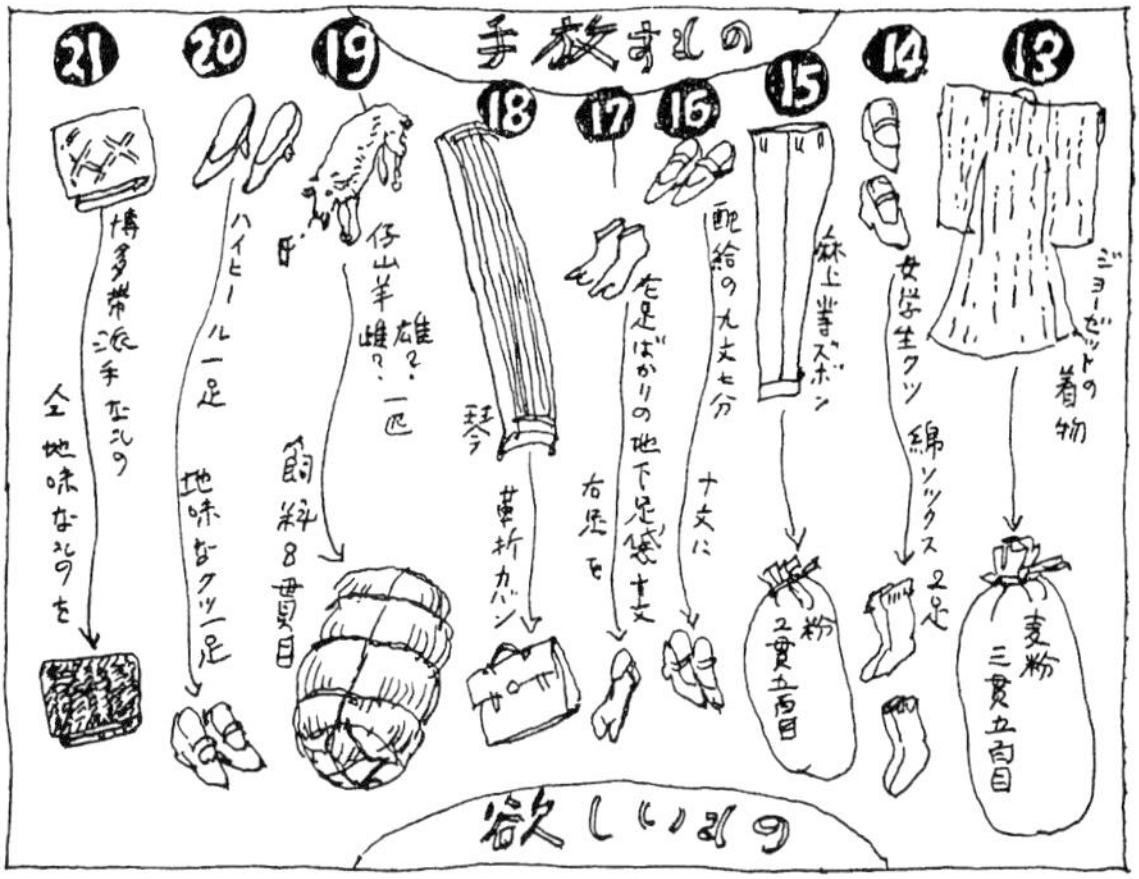

図２　物品交換所調べ〈2〉

れている。つまり、そっとないしょごととして交換物を持込むのが一般の心理だから、それを反映させた構え方なのである。そして個人の秘密厳守も店の信用にかかっているからなのである。まず六月（一九四七年）のさる交換店の出品品目と交換希望品を絵で示してみると、挿画のようになる。

　これでみると何がこんにち欲求されているかがわかろう。そして何がそれをうるために比較的手放していいものかもうかがえよう。

　それは遅配という災難をうけている六月のことだからであろうが、断然《だんぜん》粉すなわち麦粉が希望されている。あたかも粉が貨幣かのようなものなのだなどと、考えさせられる。粉さえもっていれば望みのものが手にはいることがしられるのである（米は取扱いを許されていない）。

表でみるあいきょうものは、一七番の左足だけ二つの地下足袋であろう。どうしてそれが手にはいったものか、もしも右足だけ二つもっている相手がみつかるならば、それこそ奇蹟であろう。まったくそれで有無相通ずるわけであるが。

何かと替えたいと希望する人の心は、だいたい欲張りだと診断できる組合わせが多い。当人の心としてもっともではあるが、素人には交換対象物の相場がはっきりしないので交換所の人に判定をまかせるわけだが、長年もっている着物などを手放す場合にはなんともなごりおしいものらしい。

一八番は琴と革カバンとの交換希望であるが、しおしおとでかける主人の後姿で、奥さんが琴を売払ってもカバンをもたせようと決心したのであろう。そうかと思うと一九番の仔山羊《こやぎ》と飼料との交換というがっちり屋もある。

いずれにも、それぞれなんらかの胸にせまる思いがよまれるのである。こんにちの家庭における主人の、また主婦の心身の悩みがそこに展覧されているといっていいのである。夕食のあとに、明日の食料はもうない、というときのたけのこ生活の内面が物語られているかのようなものである。

また一方、不用化したベビー服で、鼻緒をつくって定期的に持込む奥さんもあるという。それを食料に替えるか、主人のたばこに替えるのであろう。

種類の違うのでは、戦災者、引揚者(2)への特別配給品、毛布、軍服、靴などを、その日に持込んで金に替えるか食料に替えるかの部類。さらに別の種類は、闇屋さんが田舎から小麦粉やいも粉（さつまいもを干して粉にしたもの）を持込んで、たばこや衣類と替えたいという口。その他、工場の現物給与品、勤務先の役得品、または、工場製品のちょろまかし品のナベ、カマ、サッカリン、ズルチンそれからたばこなどの出品であるが、この人たちの態度たるや、堂々たる、ずぶとさであるが、しかし交換所としては歓迎しなければならぬ部類である。

交換品の季節性

さて、最後に季節による交換品種をみてみよう。昭和二一年六月から二二年五月までの集計を概観すると、

六月・七月・八月　食料重点——給料生活者はいっさいのものを投出して食料交換に注入した

九月・一〇月・一一月・一二月　衣料重点——食料は低調となり、衣類の投機的買いあさりが目立った

一月・二月・三月　嗜好品《しこうひん》（酒・たばこ）重点——いぜん食料は低調で、酒、たばこが欲しいというのが圧倒的（料理屋がしきりに繁昌したのと平行している）

四月
五月 } 食料重点――嗜好品はだんだん低落し衣料も落ち目になり、食料が重点となる

というカレンダーになる。

一昨年（一九四六年）の食料遅配の苦しみが、いかにたけのこ生活へと給料生活者をおいやったか。そして去年もまた、四月以後の遅配によって同じことがみられているのである。しかし去年は二合五勺すなわちわずかの増配で誰でも五百匁《もんめ》は体重がふえているというのだから、芋ドロがめっきりと少なくなり、野荒らしも少ないといわれているから、悩みはいくぶん軽くなったのであろうか。

お金の値打ちがはたしてどうなるのか、という心配事をよそごとのように物交の世界が、縦にも横にも広がっていきつつある（この稿は、敗戦のつらさの生きた記録の一片としてうけとっていただきたい）。

（一九四八年　六〇歳）

三共

カフェーライオン

民家の旅

私が民家の研究をはじめたのは大正六年のことであるからもう半世紀も昔のことである。新《に》渡戸《とべ》稲造《いなぞう》(1)先生の書斎で、たまたま柳田國男先生にお会いしたのが、そのきっかけだったような気がする。柳田先生は、その前年、白茅会《はくぼうかい》(2)という民家研究の会をつくったばかりであった。「君の目がいいよ。俺と一緒に旅行して歩かんか」と先生に誘われるまま、私の民家の旅ははじまった。歩くといっても、先生のは並みの歩き方ではない。お仕立の人力車にゆられて、やがて宿に着けばちゃんと郡長さんがひかえている。そして郡長さんに御下問のかたちで問答がはじまるといった具合である。

私自身若いころから旅好きだったし、仕事即旅であるような生活を続けてきたのだけれども、私の民家採集の旅はバッグをかついで歩きまわり、野天《のてん》にゴロ寝しながら、なんのくったくもなく農夫たちと話しこむといったスタイルであったから、先生のお伴をして歩いた視察風の旅はよほど印象的だったのである。

また、そのころよく先生に誘われて東京近辺に民家を訪ねて日帰りの旅をしたものだった。当時、東京から埼玉にかけてはまだ幕府の天領(3)や旗本知行地《ちぎょうち》(4)とかいう雰囲気が残っていたし、交通も足で歩かなければならないのだったから、農家の生産ぶりも、生活ぶりもおしてしるべしであるが、それでも生糸の騰落《とうらく》が敏感に響いて、茶木が植えられたり、また桑畑になったりしている時代であった。

当時の農民は実におっとり屋なのだけれども、昔から武士にいじめられていたために秘密主義が習慣になっていてなかなか正直にはものをいわなかった。それでも柳田先生はウソはウソとして聞きとり、その間にかんじんなことがらをちゃんと聞きだしているのだった。私は先生が一服するたびにズック袋からノートをとりだしスケッチをし、家の内外をみてまわるのである。

民家を理解するためには、理屈抜きに、ひろい心でよくみることだ。彼らの作品、彼らのくふうをていねいにたくさん収集しているうちに、自給的な世界の造型技巧の学問はおのずから生まれてくる。こういう心境であるから、どうしても旅の間じゅうスケッチをしていることになる。ほんとうに描いてみたくなるようなものをみつけて無心にスケッチする。くわしく描いているといろいろ不思議なところ、疑問なところがでてくる。それを聞きだしたり、調べたりすることがそのまま研究、学問になる。浜辺にたって——ぶらっとそうできることは、たいへん幸福なことであるが——青い波のぎらぎらして広がっているはるかかなたに、かすんでいるひとつの島がみえる。そしてあそこの島へいってみたいと思う。人が住んでいるかしら、どんな村があって、どんな民家があるかしら、と思う。そしてその美しい島をクレヨンを持ちだして紙に描くと美術家の仕事としての絵ができるし、いろいろ想像したり考えたりした心持を書きつけると詩人の仕事の文学ができる。が、とうとうその島までいってみたくなって、その島へ上陸して、いろいろなものを実際にみ、不思議だと感じたことを細かに注意して、そして、それからいろいろなことを考えると、研究という仕事になるのである。

長い間、民家を訪ね歩いてきたが、民家のほんとうの姿を知るというのはつくづく難しいことだと思う。草屋で、野ら着で暮らしている人たちは自然から逃れるわけにはいかない。彼らは自然の恵みのもとでのみ生きていかれるのである。このあたりの理解がないと、民家研究は根本から誤った方向に向かってしまう。それなのに、このごろのいわゆる民家研究家たちは、何をつかもうとしているのだろうか。目にみる珍奇なものを求めて楽しんでいるのか。人工の世界で退屈している人たちへ何かを提供したいためにあさっているのか。デザインのヒントを得ようとしてみて歩いているのか。いろいろに推測されるのであるが、とかく都会的な感興でやっている人が多いようだ。

七、八年前、若狭《わかさ》の敦賀《つるが》半島のあの湾内をいっぱい見渡せる、小さな船着場のお寺に行ってみたことがある。ここは、昔、芭蕉《ばしょう》がしばらく滞在したところだといって案内されたが、しかしそこは、これはというものがなにもない寺だった。建物も平凡だし、庭も禅坊主が好んで造るようなものではない。まったく田舎の人になりきるのでなければ、長逗留《ながとうりゅう》ができるところではなかった。なんでもない田舎でなければ、風月をささえとする生き方はできないものよ、とその寺が物語るかのようだった。

昔のことだが柳田先生のお伴をして田舎を歩いたとき、とりたててなにもみるものに接しなかったと思っていると「きょうはたいへん愉快《ゆかい》だった。いろいろ学ぶことができた」とうれしい表情で語られたのが思い出に浮かんでくる。

私はその後、民家の古い姿をたずねて歩くというところから出発して、農村の住宅調査や生活改善の仕事をするようになり、次第に考現学という方向に考えをすすめるようになった。これには、もう一人の先輩、石黒忠篤さんのすすめが大きなささえとなった。

私はつくづく、自分はいま現在のこと、人々が働き、楽しみ、いろいろくふうをこらしているさまに興味をもつ性格だったのだと思う。だからこそ震災後の焼け跡に、つぎつぎと仮小屋がたてられ、人々が焼け落ちた過去のなかから新しい生活をたてなおす姿をみて、ほんとうに感動できたのだし、考現――いまを考え、未来をつくることの必要を痛感したのであったと思う。私の長い民家の旅をふりかえってみても、同じことがいえる。

（一九七四年 没後刊行）

雪国の民家

今年（一九二七年）の越後の大雪の報道はあまりにひどい。四十年来のことだといわれているが、一夜で、一丈(1)も積もったというのだからまったくひどい。かつて私が、越後を歩いたときのノートを開くと、調べて歩いたときの思い出がわいてくる。目下、汽車は不通で行ってみることはできないが、それが開通すれば、さっそく、現地を見るために出かけなければ、という思いにかられている。私は、幼時も少年時も冬は雪に埋もれた家で暮らした。ぼたん雪は音がなく、しとしとと降積もり、吹雪は、屋根や軒《のき》をゆすぶってびゅうびゅう家をうならしたものだった。

それで、建築の郷土性ということもいいたくなる。洪水に襲われる土地の建築、風が激しく吹きまくる土地の建築、そして、雪国といわれる土地の建築、などと数えると、全国の家々は、

図1　二本木駅付近の民家

一律に、規格的に建てうらるべきはずのものではない。それぞれ特有の性格を持つ土地に、それぞれ昔から人々は住着いていて、代々いくらかずつのくふうを積んで、造り方を考えていたのである。そのようなくふうの伝承が、建物の地方色を決定づけているといえるのだろう。

今度の越後の大雪は、自分たちが、これまでどのように雪に対応する家の建て方をしていたかを、しみじみ考えるきっかけとなろう。これまでは、新しいくふうの家を建てると、好奇心ではみせてくれたけれど、自分たちにひきつけて考えてくれなかったのである。

越後の家々を、図でお目にかけて紹介してみよう。

長野から県境を越えて、越後の高田のほうへ、下りこう配のレールの上を走る汽車の窓から見ていると、家の造りが急に一変しているのに気がつくであろう。たとえば、二本木《にほんぎ》駅あたりでは図1のような、普通でないプロポーションの家々が見られよう。丘陵の傾斜地に、にょきにょきと建っているが、その背伸びをしているようなかっこうは、降積もる雪のためなのである。今度の大雪では、屋根も雪で隠れてしまうくらい、雪のなかに埋もれてしまっているのかもしれない。雪に埋もれてしまったときには、壁に点々とつけられている小さいガラスばめの窓が唯一のたよりで、それらが、積もった雪の層を透して、家のなかに光線を入れてくれるのである。

大正七（一九一八）年の夏に、私はこの辺の家を見せてもらったことがある。「この辺で古い家はどこでしょう?」とたずねて、聞きあてた家でスケッチさせてもらったことがある。その家の外観は図2で、そして、室内の断面図は図3、図4である。

まず、外観で見ると、軒回りは普通とは違っている。普通のものよりも屋根を突上げたようなかっこうにできている。そして、屋内に入ってみると、いっそうはっきり、普通の家と違っていることがわかるのである。

茶の間に相当する部屋はいちばん頑丈に造られるのであるが、その部屋を、茶の間とはいわ

図2　高田市外の農家

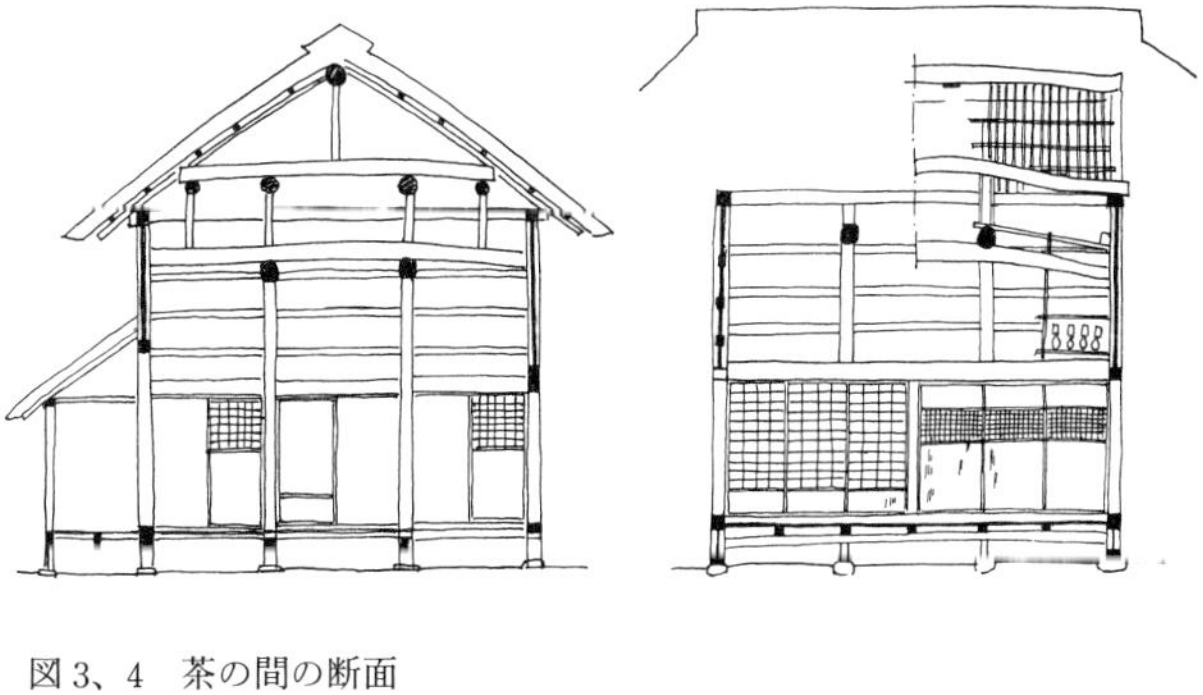

図3、4　茶の間の断面

ないでじょうやと呼んでいる。家を建てるときには、このじょうやの骨組みをいちばん最初にがっちりと組立てて、それから、ほかの部屋々々の骨組みを加えていくのだそうだ。つまりじょうやは構造上からはいちばん大事なところとされているのである。

見せてもらったこの家では、じょうやの広さは三間に三間で、床は板敷きであった。部屋の周囲には一間間隔ごとに六寸角の柱を建て回して、それらをみんな大黒柱と呼んでいた。そして、これらの太い柱の途中に、さらに大きい梁材《はりざい》が、縦と横とに、二重に組まれて突刺されている。そして、それらの上に小屋梁が束《つか》にささえられて載せられているのである。家の外観で見た特徴は、このような構造と照らし合わせればよくわかる。柱と同寸の台輪《だいわ》といわれている桁《けた》が、柱の頭を連結し、そして、小屋組みの束を固めている材が、柱の箇所で軒下に顔を出している。じょうやの炉ばたにすわって見上げると、これらのみごとな小屋組みと、屋根裏とのシンフォニーが見られるのだが、梁のひとつからつり下げられた神棚もこれらの巨木のシンフォニーのうちに参加している。

力学的にみると、どうかとみられる点もあるわけだが、雪国の家屋の造りがこうでなければ

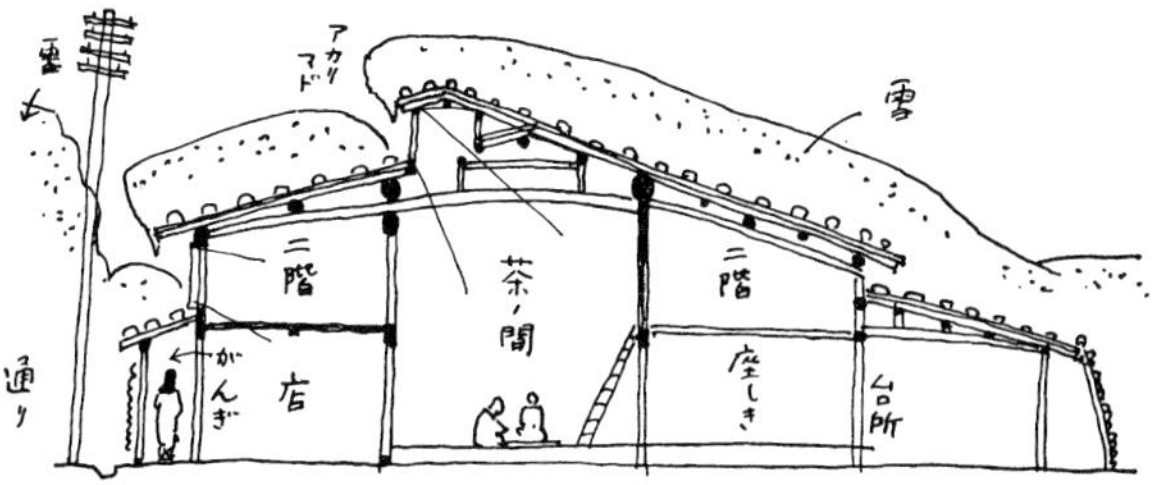

図5　雪で埋まった高田市の町家

ならないという、素朴な主張がこれらのうちに読みとれる。「大雪の夜には屋根がギイーギイーしめつけられるように音を立てますよ」とも聞けたのである。

　このような家々を見せてもらったときは、今から考えると、一片の好奇心からの興味だったような気もする。けれども、大雪の報道とあわせて考えると、好奇心だけで放っておけなくなるのである。

　高田市の町家も調べて回ったが、あの町の家屋と積雪との関係を、わかりやすく図にかいてみると、図5のようになる。家々は、茶の間を中心として、表にも裏にも部屋が延びているが、屋根に積もった雪を、数回雪おろしするので、通りが家の屋根よりも高くなる。交通途絶になるから、雁木《がんぎ》という庇《ひさし》を家々の前に造って通路とするのであるが、向こう側との交通は雪のトンネルをうがってやっているのである。そして、通りの雪の山脈の峰を伝わって歩く人々は、うっかりすると、人の家の二階にころがり落ちるといわれているが、図で見ると、その関係もわかってもらえるであろう。

今年の大雪は、はたしてどのような状況を呈しているのであろうか、汽車が開通したら、さっそく見学に行ってみよう。

（一九二七年　三九歳）

南部の町家

町家といっても、特殊な町家で、町家にもこういうのがあるのか、といいたくなる珍妙な家だ。短冊型《たんざくがた》の細長い屋敷のなかに、農工商のすべてを営んでいる家である。一九三八（昭和一三）年一一月一日のことだったが、二戸郡《にのへぐん》の旧南部領《なんぶりょう》である浄法寺川《じょうぼうじがわ》沿いで、伝統的な漆器《しっき》を作っている村々を見て歩いたとき、案内された一軒であった。

元、今の農林省が農商務省といわれていた時代に、農政局所管の副業課というのがあって、私はそこの嘱託《しょくたく》であった関係もあって、山形県の新庄《しんじょう》に農林省の積雪地方農村経済調査所(1)（通称、雪害調査所）というのができてから、東北地方の農家の副業を育ててやるのがひとつの勤めであった。

その関係で、岩手県二戸郡の浄法寺塗りの産地に行ってみたのだった。一行は、柳宗悦《やなぎむねよし》(2)、河《かわ》井《い》寛《かん》次《じ》郎《ろう》(3)、浜《はま》田《だ》庄《しょう》司《じ》(4)、雪害所長の山口弘道、岩手県の吉川正保、それに私というメンバーであった。

二戸郡の山間部といえば、冷害に見舞われる代表的な地域だから、今日ではめったに見られない稗《ひえ》のたんぼが見られるようなところだ。馬産地としても有名であり、かねて浄法寺塗りという漆器の産地としての名も通っている。しかし、それらのどれもこれも、時代の波に押されて、現状はいたって貧しい。啄木のうたではないが、働く人は貧しかりけり、なのだ。

このような貧しい多角経営を営む家構えのなかで暮らしをたてている人々について、克明に調べあげたらば、おそるべき報告書ができるだろうと思うのであるが、ここでは、忙しい気分でスケッチした一枚の間取り図で、解説しておくにとどめる。

屋敷は四間半の間口で、約三〇間ばかりの奥行きに町割りされた屋敷である。表はちょっと格のいい道路で、裏はいくらか程度の落ちる道路だかで、前にも後ろにも用水が流れている。

その格のいい道路に面して主屋が建てられているが、その造りは、全国一般のように、店と居間すなわち常居《じょい》と台所という構成である。台所は、この地方の農家のもののようにだだっ広いが、ときとして、ここで農作業をやらなくてはならない関係からであろう。入口を入ると通し土間であるが、その突当たりは厩《うまや》である。町家に厩のあるのは、旧街道筋の宿駅の家などに見ることがあるが。そして厩と台所とは接していて、台所の炊事場が、厩の入口に直面している。これは調理の残りをポイと馬の鼻面に投げてやるのに便利だからだといっている。炊事場のところの採光はきわめて不良で、特に土間に面して造られている流しは、まったくの暗がりであり、それに並べて石のひき臼《うす》を置いているが、そこも同様に暗い。その隣りには馬に湯を浴びさせるための大きいかまどが置いてある。そして、家族たちが食べるものの煮たきは、台所の囲炉裏《いろり》で行なっているのである。

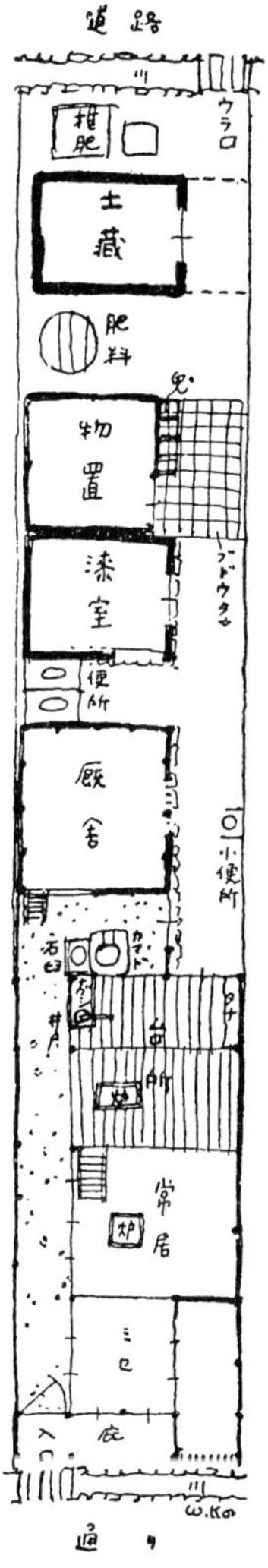

図1　農工商兼業の家

常居から台所の上に設けられている中二階に上るようになっているが、その中二階は家事用の物の置場になっている。そして台所と同様、常居の間も採光がきわめて不良である。また、店には棚が置かれていて、作った膳椀《ぜんわん》類の売物を並べている。

厩は子馬を育てる関係で普通よりも広く造られていて、その天井裏は、藁《わら》や飼料などのあげ場になっている。台所の先の折曲った土間から裏に抜けると、通路がどこまでも続いていて、通路の途中に壺《つぼ》を埋めた小便所、厩の後ろに大便所がある。そしてその後ろに漆工の仕事をやる漆室《うるしむろ》が建てられている。この室にこもって、若い男たちが、村の物産である膳や椀を作っているのである。

漆室の奥には農事用の物置きがあり、その前にぶどう棚が設けられ、壁ぎわにはこのころ奨励されている兎《うさぎ》を飼う箱が積まれている。

表口からいえばいちばん奥、裏口からいえばとっつきのところに土蔵があるが、土蔵の前は庇《ひさし》になっていて、その前後のあき地は肥料置場になっている。そして、小川に架け渡している板の橋を渡ると、裏口から道路に出られるようになっている。農業の仕事にはこの裏口から出入りするらしい。

この一軒の家屋に盛込まれている要素はたいへん複雑だ。まるでひとつの都市のなかでみられるぐらいの要素が含まれているといえる。大急ぎでとったスケッチなので、家族の数も、耕作反別も、作物の種類も、漆器の生産額も、販売の方法も、何も聞く暇がなかったが、六、七人の人々と、馬二頭とで、この家の家事も、農事も、漆器の生産も、また売り方も運営されているとみていいようだ。そして冬には雪もそうとう積もるらしい。複雑に働く人々の働き方の季節によるパターンの変化も目に浮かんでくる。

（一九三九年　五一歳）

物干竿《ものほしざお》

採集の技法は、なるたけものそのものを生かしたまま持ってくることにある。なお分岐したがる興味をよく統括して、その土地を的確に表象するものを見当てて選択しえた場合には、研究者にすてきな資料を提供できることとなる。この絵（図1）と次の絵（図2）とは、私のこの小集[1]のうちで、その意味で多少自信を持てる採集に属する。

ひとりの相棒（O君）が牛舎を学ぶことに夢中になっていたとき、私は途上にぼんやり立った。そのとき目の前の家の軒下にこの二枚の着物を掛けた干竿があったのだ。相棒が研究を終えて出てきたときに、かいたページを繰って、そのまいっしょに歩き出してしまったのだった。

ノートのページの上に夢中になっていた間、私は漁師の舟に乗るときの着物の継ぎはぎのみ

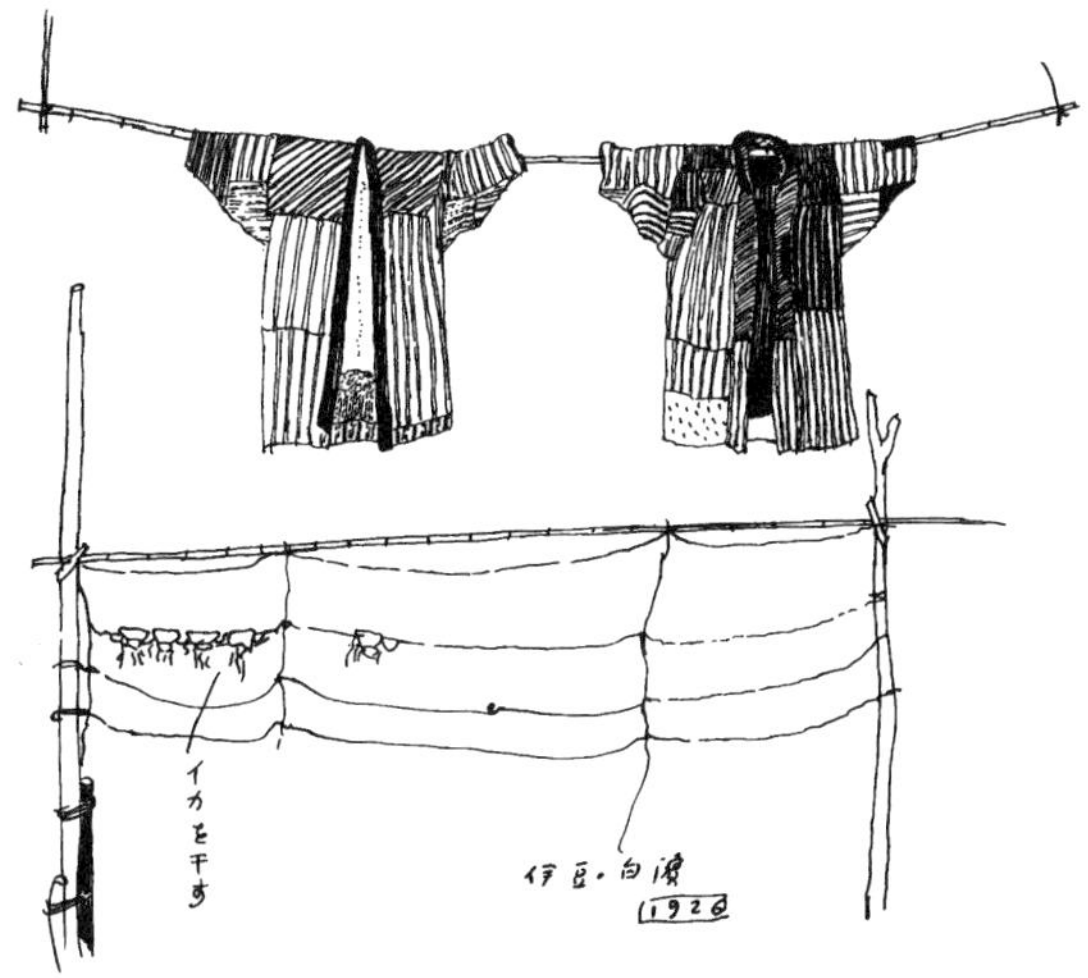

図1　漁村の物干竿

ごとなのを写していたのだ。それらは一重三重につづられて、漸次に現在の完成に至ったものらしい。

海で死にでもしたときに、着物によってどこの誰だとわかるんだ、といわれているが、このような着物の存在は、始めからそんな意図で企てられたものかどうかはそれはわからない。老人の着古し、子どもの着古し、誰かの着古しの破片的なきれが、肩からもすそからもなめまわしたように付着している。そしてついに、おのおのに個性的な存在が形成されてしまっている。それは山や山脈の個性が地形学の法則によって形成されているのと同様だといわれるまでに。

図２　山国の物干釣木

――そしてわれわれは次の図を学んでみよう。

これ（図２）は木曾《きそ》の道ばたの採集である。山村の一農家の所有物で、そして陳列物である。

われわれは木曾は檜《ひのき》の産地だと知るがゆえに、まずその物干竿、干竿掛けを注意してみよう。檜の小枝がすなおにためられて、輪にされて竿の掛かりができているではないか？　檜の間伐材《かんばつざい》なればこそ、このような工芸の生誕が見られるのではないか。

次にわれわれは信州から東北へかけて、一般に山間地の農夫ないし一般民はタッツケ袴(2)をはいている事実を知っているであろう。木曾ではこれをカルサンと呼んでいる。それが二枚掛けられているではないか！　ワイシャツのそで――カフス付きの――のようにぶら下がって、ひもがキリキリ檜の竿に巻付けられているではないか！　それは無地のものと、細縞のものとである（木曽では一般に縞物《しまもの》を用い、美濃《みの》に入ると無地を用いるとか聞いたと思っているが、これを採集した地は、美濃に接した地方である）。それから、干竿掛けから、はみでた部分にそでを通して掛けられているのが、野らに働くときの上着ないしシャツである。そしてなお断片に添えつるされているのが働くときの手甲である。

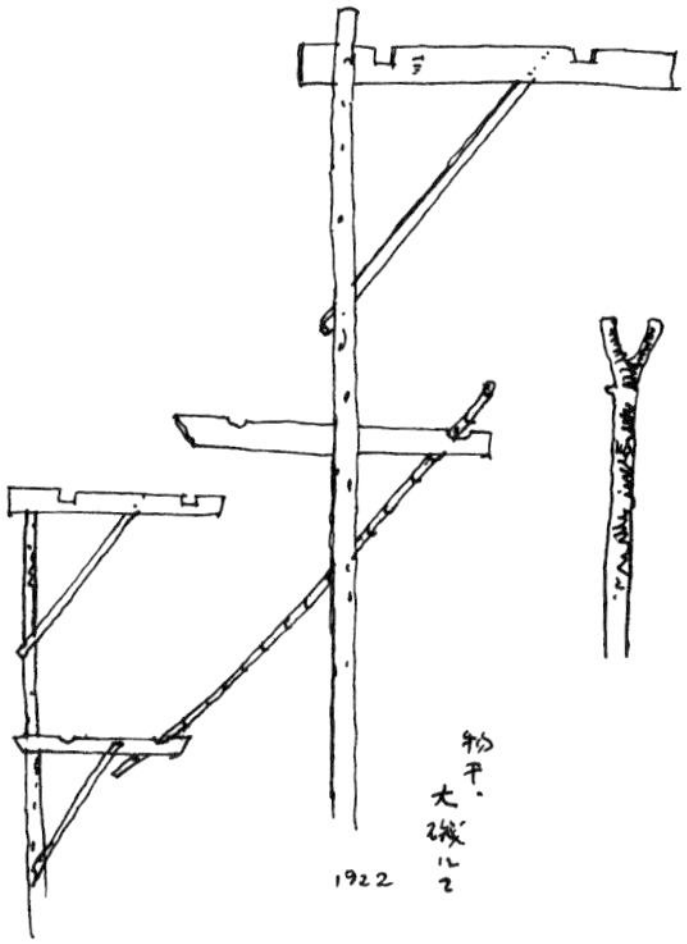

図3　物干竿

　これらを結合わしてわれわれは木曽の農夫の働くときの——服装全部を着けた——姿を見ることができるではないか！

　そして私たちは、前の採集で見た伊豆の漁師のを、これと並べて見、それぞれの地方的個性を考えることができるではないか。かくしてComparative ethnographyにまでそれは到達する。学問にするのには根気がいるけれど、これらの併置で少なくも具体的な見当をつけることは可能になってくる。

図3は、田舎の味わいというよりも、むしろ都会の味わいに近いものである。相州大磯《そうしゅうおおいそ》の家ごみの箇所での採集だから、それはしかたあるまい。なかなか、しかし軽快にできている。物干竿のエスノグラフィーはこれだけにする。すてきな物干竿の採集を同輩吉田謙吉氏からもらっているのもあるが割愛《かつあい》する。

（一九二七年 三九歳）

カマド道楽

わたくしの家は、自分と妻と子供五人とで丁度七人家族である。で、日月火水木金土と、割り振ると、一日一人ずつで具合がよい。

「よし、では、父さんは日曜、母さんは月曜、姉さんが火曜、という風にして、ちびっ子は土曜という役割りで、朝ご飯の支度をする当番にしよう。そうきめよう。」ときめて、実行し出したのが、さる冬の季節からであった。家庭生活の中のちっぽけな民主主義だ。当番の人は少なくもみんなよりも三十分は早く起きなければ、となるのであるが、そこに多少の伏線もあった。つまり父さんは日曜日だから、学校へいく時間の制限はないから、多少朝寝坊をしてもぎりぎりの責任を問われる恐れがない、というのが自分の腹だったとも告白出来るのである。でもまた、日曜日こそは、家族たちをゆっくり休ませてとも解釈出来るわけであるが。

で、やってみたのである。いうまでもなく、わたくしの家は東京の郊外である。いな郡部で、名目だけは町ということになっているが、農家六分に非農家四分という農村だ。だから、ガスも水道もない。二十年来それでやっているのであるが、井戸と薪木《まきぎ》を焚《た》くカマド(1)とはわが家の台所の主座をしめているのである。戦争前までは、井戸はモーターで汲《く》み上げ、ナガシにも洗面所にも、ジャージャー出たのであるが、モーターが腐ってからは、井戸も手押ポンプだ。で、井戸と薪木を焚くカマドとは接近しなければというので、井戸端に古トタンの庇《ひさし》を作って、その庇でご飯も汁もたく事にしているのである。

ところが、これまで、カマドが泥焼き製の至って粗末なものでがまんしていたのだ。それに永年使っていたので、焚口の個所が妙にゆがんでわれていたのである。カン詰の空き缶で細工をし、工作をしてみたりしたのであったが、たれかの当番のときに、折角《せっかく》の仕掛けも代なしにされてしまう、という経験をくりかえした。

「だめだ、いいカマドを一つ買わなければ」と発言したのである。「それなら、この間、デパートで宣伝売出しの何んとかいうカマドを見て来た」とたれかがいった。

「よかろう」というので早速見に行った。七百何十円かという値だが、いかにも便利限りなしという構成だ。だが、予算は予備費か臨時費だが、この節はそういうものがまるで空欄、いな必需費も予備費もこんがらがって差別なしなのだから、何んとしても無理算段でなければ出来ない。だけれども、日々運営の愉快さとそして、焚物も手数も、能率化経済化されるだろう見透《みとお》しを考えると、破れカマドでがまんするという法はあるべきでないというロジックにならざるを得ない。

その主旨を、ある日の食卓で、演説句調といえば大げさだが、とにかく一同になっとくしてもらうように述べて、賛成を得たのであった。

で、その優秀な組立式の鋳鉄《ちゆうてつ》のカマドを庇の炊事場《すいじば》に据《す》えてみたのであるが、焚物の分量が著しく僅少《きんしよう》ですむという、いかにもわかり切った事実を、今更《いまさ》らに経験したのである。

新らしい興味が、その事で火がつけられたのである。カマドと並べて使っている七リン(2)というものもよくこわれる。それに木炭が十分であればだが、この節は焚きくずを利用して七リンを使うのが常法となっているのだから、金物で出来ている七リン代用の小型のカマドがどうしても欲しくなった。村の町場の店でそれを捜した。東京の通りを歩く度にも捜してみた。太さと高さと、火棚の簀子《すのこ》の具合と、そして焚口も下の通風口の具合と、それから組合せ式になっている補助具などを、一々検査してみる気持ちで見て歩いたのだ。そして、これは、と思うのを発見して、もう一つ買って来たのである。

焚物をするカマドというものは台所にいくつあれば最も便利なのか、ということまで空想し哲学してみる。そして、ますます道楽気が伸びて、それ以後も、是非《ぜひ》欲しいというカマドが売っていないか、と見て歩いているのである。これは有効そうだというものが発見出来たとすると、庇の台所にカマドがいくつ並ぶことか。そして、それぞれの利便と効率について、とうと説明出来るまでに伸びていくのではないか、とさえ思えてくるのである。

もちろんその道のオーソリチーである沼畑氏(3)や守屋氏奥田女史のカマドと燃料との関係などの科学的な記述にも目を通した。焚物の科学も一応勉強したのである。

また別に、関西地方の農家の中にみる、あの半月型に五つ位列ねたカマドの美しい情景をもときどき空想したりするのである。

ところがなかなか、この道楽の味が家族たちの皆には通じない、また通ずる筈《はず》のものではなさそうだ。カマドの有効さは、その焚口の始末などできまるのであるが、子供たちの当番の朝の様子をみていると、何でもただ焚きやすい、そして整えてある手近かな焚物をどんどん焚く方式でやっているのを見るばかりである。

子供たちには道楽心がない。無理もない、かれらには愉快なことは別にあるのだ。女の子たちと、幼いときに、ママゴトをやって遊んだときのあの無心で愉しんだ心が欠けてしまっている。学校へ通うようになると、宿題や何かに追われる心が重点となって、台所をやることなどは事務的になる。事務的となれば道楽的にはなりがたい。お菓子を作るとか、特別なお料理を作るときには特別に愉しいような道楽心でやるようだが、カマドの焚き方のような地味な事は、到底《とうてい》それは子供たちの道楽事とはなりにくいのがもっともなことだ。と、父さんたるわたくしが自問自答せざるを得ないのである。

道楽事にしてはじめて科学にもなる。能率にも合理にも関連してくる。昔、浮世を捨てた心境の人たちによってはじめられた茶道というものも、このような心境のうちに、企てられて、伸びて、あの見事さまで育てられたのだとも思えてくるのである。

うっかり体験したカマド道楽のことを振りかえると、新らしいカマド道、新らしい炊事道というものと、とまで思えてくるのである。しかし、それは、文明とか文化とかいうこととのつながりは、というような認識の立場からは、一笑に附さるべき瑣事《さじ》だとされてしまうだろう、とも客観出来る。しかし、今日のこの窮屈《きゅうくつ》な時代においては、積極的な努力が封ぜられているのだから、ともまた考えられてくるのである。

そして以上は、週一回のわたくしにとっての生活の現実たる事はいなめないのである。

（一九四九年 六一歳）

子ども部屋不要論

孫という名の居候

住宅に人生あり、という状況を私はこのごろうれしく経験させられている。

住まいというものは、大昔から夫妻と子どもたちとで暮らすならわしになっているが、その家族の組合わせによって、さっぱりしたり、混乱したりする。新婚の夫妻二人だけだと、すっきりした間取りのなかで、思うがままに暮らせるであろうが、子どもが加わると、いくらか混乱してくるし、老人が交じった場合には、いっそう様子が違ってくる。

私の家で、最近一年ばかりの約束で、縁づいた娘の子、つまり孫を預かっているが、自分の子どもたちを育てたときには気がつかなかった、いろいろのことを考えさせられている。

住宅というものは、着物と違って身丈に合わせなければということはないから、三人が五人になっても、ひとつの屋根の下でどうにか暮らせるのだが、しかし、家族の人数が多くなれば、それだけお互いの感情に響いてくることが多い。特に居候《いそうろう》格の孫たちが加わったりすると、住まいのなかに人生があるということがはっきりしてくる。

わが家の場合の居候である孫たちは、一歳六カ月の男の子と、三歳七カ月になる女の子であるが、まあいってみれば、目を離せないいたずら盛りだ。

私は手当たりしだいの場所で仕事をする癖がついているので、それが孫たちの遊び場と、しばしばかち合う。最初のうちは困ったことになったと顔をしかめたくなることが多かったが、お互いに慣れるとそうでもなくなった。

冬のうちはなんといっても、南の日当たりのいい広縁は共通の場になるのであるが、そこにいっしょに暮らしてみようと腹を決めてかかるようになった。まん中に置いたテーブルは共通、本棚のここからここまでは、居候の孫たちの領分で、玩具《がんぐ》の置き場、遊ぶときはどこでも自由、だがあとかたづけはめいめいでやるという、孫とおじいさんとで決めた憲法を守る癖をつけるようにしてみた。

初めの間は冒険であったが、しかし押通してやってみているうちに、どうやら初めの混乱が秩序づけられるようになってきた。つまり、めいめいの場所の占有権、ものの所有権、そして皆の共有権などという、やかましい法的な理屈で説明しなければならないことの原始的な現われが、少しずつ実行されだしたのだ。

七〇歳の年齢の開きがある、おじいさんと孫たちとの間の不文律《ふぶんりつ》が経験を通して固まるようになったのだ。もちろんおじいさんと幼児との間柄には、成人どうしの間で考えなければならないような、プライバシーの問題などというやっかいなものが生じていないのだから、そうできるのかと思えるのだが、うっかりしていると、仕事をしているとき「おじいちゃま、オシッコ」などと呼立てられていささかろうばいさせられたりするけれど、それなども、仕事の合い間の気分転換の役割をしてくれると思えばマイナスではない。

最近、モダンな家を建てて住んでいる友人を訪問したら、やはり一歳なにがしかの幼児がおり、その子が、このごろの雑誌などの写真で見るような、完全孤立的な子ども部屋に閉込められていた。

手すりつきの寝台、壁におもちゃ棚、敷物、カーテン、そして鍵付きのドア、というおとなの一方的な考えで設計した幼児部屋のなかへである。

形式的合理主義の立場からは、質の違うおとなと幼児との分離はそれで満点であろうけれど、家族社会というものと全然縁切りしたような、そういう壁のなかで育つ子どもというものは、身体的にはとにかく、心的な方面はうまく育つものであるかどうか考えさせられたのである。戸棚を規格的に整備して、それぞれの物品をまちがいなくしまい込むように、子どもは子ども部屋へというのはどうであろうかと考えさせられたのである。

そうして育った子どもというものは家族社会のなかで、家族たちとともに泳ぐように暮らしている幼児と比べると、どこか融通《ゆうずう》のきかない、抽象的な心の持主になってしまうのではないか。言葉を習う機会も少ないし、他人の感情を読む力も育たないし、自分の感情を人にぶっつけて反響をみるなどの人生修業が、ゼロに近い状態だといわなければならないからである。

ここで、「住宅は住むための機械である」という、近代住宅建築の大テーマそのものについても考えてみたくなる。

生活には、労働生活と休養生活との二大区分があるといえるだろうが、一は広い意味の職場生活で、他は、自分の家の生活だが、近代の職場生活は、工場であると事務所であるとにかかわらず、めいめいの心身を規制づけるような座に縛《しば》り付ける。

いうならば、機械的な行動を、機械的な環境において営ませる傾向であるのだが、仕事を終えてわが家に帰っても、住宅は機械であるという空間に縛られたのでは、どうかというのが疑問になる。

二四時間、工場や事務所と同じイデオロギーで生きるということには疑いがある。「だからですよ、休みの日には、山とか、海とか、温泉とかにいって、おおいにバカンスを楽しむのが近代人の権利というわけですよ」と彼、彼女たちから聞けるのも、もっともだとうなづける。

そうだとすると、最近の団地アパートそのものは、多少とも住宅の機械化といっていいのだが、それがふえればふえるほど、運輸当局やバス会社、さてはホテル、国民宿舎などが忙しいという理屈になるかもしれない。

つまり職場の機械化、住宅の機械化に対応して、それらでバランスを求めているのだと考えられるからだ。

しかし、住宅の機械化をきらって、庭や花壇、芝生などのある郊外住宅を求めたい、という多数の人たちもあるわけだ。

ある調査でみると、現在アパート住まいをしている人たちのうち、いつまでもアパートで暮らそうという人がわずかに五％だけで、その他のおおぜいの人たちは、一戸建ての郊外住宅に住むのを理想としているという。

それにしても、住宅の機械化という考えから、住まいのなかにわだかまっていた従来からのいろいろの因習が、ノックアウトされるなりゆきを生んだことはうれしい。作法や交際上の形式のために、玄関とか、客間とかを特別に造るならわしだったことが、住まいの機械化という思想でKOされてしまった。

そして、家族たちの生活の場として再吟味され、リビングルーム、寝室、台所、子ども部屋などをむだなく配置するふうを生んだのだ。そのゆきすぎと思えるものに、先の幼児部屋なども出てきてはいるが。

これからの住まい

もうひとつ、これからの住宅について考えなければならないことがある。それは最近いわれているプレハブ住宅というものだ。つまり、インスタント住宅だ。

コンクリートのも、軽量鉄骨のも、また木造のもあるが、各部材を工場で大量に生産して、現地で組立てる建て方のものだ。つまり在来のように、大工さんにコツコツやってもらわないで、工場で、機械で造る住宅なのだ。

ずっと前から研究されていたのだが、最近大工たちの賃金がバカ高くなってきたので、どうやら採算がとれるようになって注目されだしたものだ。

ご承知のように、このごろの家庭電気器具は大工場の生産品だから、くるいのないという点では申しぶんのないものになっている。そのようにプレハブ住宅は、A型、B型、C型などの種類はあるけれど、構造や仕口《しぐち》(1)材料などはまちがいなくじょうぶにできている点で、すぐれている。

ただこれで問題なのは、これまでのようにあまりに細かい神経を気にするようでは、プレハブ住宅では不服であろう。

かん詰めや袋詰めのインスタント食品、つるしたり袋入りにしたりして売っている量産服のようではどうも、という人があるにちがいない。しかし、多年社宅住まいをした人などは、規格的に決まった建て方の住宅に住慣れているはずだ。

今日は、とにかく、何百万戸からの住宅不足の時代なのだから、なんとしてもプレハブ住宅すなわち量産方式の住宅に着目せずにいられないわけだ。

プレハブ住宅の特徴は、これまでの住宅と違って、こぢんまりとした軽快な外観を呈していることだ。それで一種の先端的な感覚を与えてくれる。

だから新しいもの好みの人たちには、愛好されていい住まいだともいえる。私はいつも、農村の人たちへ、「どうです、むすこさんが結婚して新家庭を営むというときには、屋敷のすみにこのごろのプレハブ住宅を建てて朗らかに住まわせたら……。そうすると、新しい農業技術、機械を使ってやる農作物へ、いちだんと力が入ることでしょうから」といっているのである。

私も、今日自分の住宅を建てるなら、もちろんプレハブ式で建てて、新しい時代のふんい気を味わって生活に精気をつけたいと思っている。

農村を歩いていると、笑えない情景をときどきみせられたりする。お嫁さんの行列そのものは朗らかでけっこうだが、そのお嫁入りしたくの和ダンス、洋服ダンス、棚、ミシン、電気器具、鏡台、テレビ等々を大型トラックに山積みにして婚家の屋敷に入っていくなどをみせられると、ゆううつにさせられる。

これだけの住まいのどこにそれらの道具類を並べるのかと、人ごとながら気になるのである。もちろん、家具や道具類というものの、置き場の配置を考えるのは楽しみだ。社宅住まいの経験のある人ならばわかるだろうが、道具の置き方で室内の気分が生かされたり、殺されたりする。タンスのような大型なものはもちろんだが、時計にしても、カレンダーにしても、どこに置くか、ということで勝負が決まるのである。

けれど、大量の嫁入り荷物となると、これからの住まいに納めるのに、さぞやっかいだろうと、推察したくなる。

（一九六四年　七六歳）

室内というものの現実

「君は専門家のくせに、いつ来てみても部屋のなかをちらばしておくんだねえ」と、ときどき尋ねてくる遠慮のない友人がいう。

つまり、紺屋《こうや》の白袴《しろばかま》というやつだが、そういわれてすわっているぐるりを見回してみると、いかにもそのとおりだ、とうなずかなければならなくなる。置いている家具もちぐはぐだし、机辺は乱雑だ。けれども、そういわれると、私なりに理屈もいってみたくなる。

「活発に動いて、いきいきと生活をしている人のぐるりというものは、ちらばるのが本来なのだ。雑誌などの写真に出ている、誰々氏邸の書斎とか茶の間とかは、一点のすきまもないように、きちんと家具も道具もかたづいているが、あれはうそだよ。いうならば、生活というもののないからっぽな部屋だ。人に見せるために造ったつくりものだ。よく世間にある見合いの写真のようなものだ。月並みの写真屋は、好んでそんな写真をとりたがるが、そんなのは、生活も個性も殺されてしまっている。魂の抜け殻のようなものだ。肖像写真は機敏なスナップに限るよ。それでうまくとれた場合は、その人のほんとうの肖像さ。それと同じことで、お部屋拝見といって写真屋が乗込んできてから、ちょっと待ってくださいといって、ちらばっているものをかたづけたり、テーブルといすをきちんと直したり、クッションのくせを直したりしてから、さあどうぞというのでは、室内としての生気はまったく失せてしまうのではないか。生活がなくなっている。形式主義のなかからは生活は逃げだすよ。俺は室内のみせかけよりも、自分の生活というものをいっそう大事にしているからこんなにちらばるのだ。このまんまみてもらっても、別に恥ずかしいなどとは思わない」といいたくなるのである。

読みかけの新聞や雑誌などはゆがんだまま置かれていたり、「お疲れでしょう」と仕事の机に運んできてくれた紅茶茶わんもそのままになっていたり、本なども、あれこれと机辺にぶざまに積まれていたりする。それに、なによりもうるさいのは毎日の郵便物だ。いろいろな種類があるから、ひととおりは目を通すのだが、ちょっと考えなくては返事を書けないような手紙などは、状差しといえば、体裁はいいが、買物籠《かご》に放込んでいる。気にかけているのだが、つい忘れてしまって、とんでもない不義理をしたり、またそのために追打ちを食って、ろうばいしてしまうことがよくある。

世間では、こういうのを、だらしがないというのだろうけれど、活発に仕事をしていると、子どもに帰るとでもいうか、たいていのことは不感症になってしまって、ちらかしっぱなしにしておくことなど平気になる。神経の質が違ってくるといえるのかもしれない。それから、わが家は主人公の私がこんな調子のせいで、家族たちにもそれが感染するのか、家じゅうがちらばっている。それに、いっそうちらばることになる原因は、私自身仕事をするのにすわる場所が一定していないということだ。書斎もあるが、おもむくままに、茶の間へでも、食堂へでも仕事を持込んでしまう。あるときは南の縁側に机を運んだり、また北側のひじかけ窓の下にそれを運んだりというぐあいだ。いいわけがましくいえば、仕事をするときは、ばかに環境の条件に敏感だから、とでもなるかもしれない。同じ場所に、同じ方向をむいていては、どうもうまくリズムが乗ってこない。

「あなたという人は、貴族的でないせいでしょう」などと、積極的な皮肉を妻に浴びせられたりして、首を縮めるときもある。

家のなかの家具や道具類もちぐはぐだ。ある意味ではそれもしかたのないことだ。四〇年も前にその当時ハイカラな机を買った。――ハイカラといえば、堅いカフーが流行していた当時のことだ。それが現在書斎の一隅にあるが、今では物上げ台になってしまっている。それがいやだから、新しい机を一つ買う、また買うということで、次々にそういうふうに移るのだから、東京の町並みのように、感覚的にいたってちぐはぐだ。なかでちょっと記録に値いする品物を拾えば、今なら四、五万円もするM百貨店製の総牛皮張りのイージーチェアーや、T百貨店特製の一枚一万円のどんすの大ざぶとんなどだ。食器棚らしい棚を見回してみると、民芸もの、九谷《くたに》焼、清水《きよみず》焼、瀬戸《せと》焼、このごろのクリスタルガラス、それに何々の古物というていたらくだ。趣味の統一とか、感覚の調和とかいうセンスが抜けているらしい。買ったときや、もらったときの思い出のために捨てられないのかもしれない。

着物でいうならば、家のなかというものは、普段着だ。誰にみせるというものではないのだから、少しぐらいしわができたりしても、着ていて気楽であればいい、といういたって天下泰平な考えでいるんだなあ、と批評をいただくならば光栄だ。

縁先からみえる庭も、草や木を植込めるだけ植込んでいる。芝生もある。「これは庭ではありませんよ、植物園ですよ」と、あるスマートな友人がいったのだったが、その言葉の尺度でいうと、わが家のなかは、住まいでなくて博物館だという論理になりそうだ。しかも、陳列法《ちんれつほう》も何もかまっていない。めちゃな博物館だと。

（一九五九年 七一歳）

思い出の品の整理学

これは便利でよさそうだ、という新しい家庭用品が、門口に行列をなして押寄せているといえるのがこのごろの現象だ。けれども、なんでも取入れたのでは、家の中は生活の場ではなくなって、物置場になってしまう。だから、新しいものを取入れると、古いものを捨てるのが、今日意識されている生活の合理化だといえよう。

能率のよい新しいものを取入れて、古いものを捨てるといえば、単純のようであるが、しかし、そういう含みで、押入れや、納戸の中などの整理に手をつけてみると、つい思い出の情にひかれて、むざむざ捨ててしまえないものが出てくるのをだれでも経験しているであろう。

極端な例になるが、農村や地方の小都市に先祖代々住みついている家では、倉の中や納戸《なんど》の中に、何代も前のおばあさんが嫁にきたときのタンスだとか衣裳だとか、また何かの祝い事のとき使ったとか、もらったものだとかいう因縁のものがどっさりあったりする。また、テレビの時代ものに出てくるアンドンだとか、明治文化を語る石油ランプだとか、今日の生活には、まるっきり足しにならない道具や器物などが押込まれていて、合理化という考えだけでは始末がつかない。「どうしたものでしょう?」と問われても「さあ……」と答えるほかない状況をみせられたりする。

いうまでもなく、そういう品物は要、不要の圏外のものだ。単なる思い出の品々の整理というう私事ではなくて、別の概念で整理しなければならないことになる。いうならば、私たちの祖先たちがこういう暮らしをしたのかという、スケールの大きい思い出をさそう物件であるわけだ。国としての文化財、地方としての文化財として、公の手で蒐集し整理しなければならない分野の品々なのだ。

早くからそのことに目をつけて、そういう物件を集めて修理を促しておられたのは、故人となられた渋沢敬三さんであった。お宅の屋根裏いっぱいに、そういう品物を、はちきれるように積上げた中で、「やがてこれらの品物は、国としての宝物、つまり文化財として公の手で整理され保存さるべきものなのですよ」と語られていたが、現在それらの品物は、文部省の史料館に非公開のまま保存されている。

つい、わき道にそれたが、思い出をそそる品物ということの幅について、考えていただけるならばと思って書いてみた。

家庭にも物的合理化と心的価値尊重の葛藤がある　家の中にあって、私たちの思い出をさそうために捨てがたいものには、そういう公の意味の文化財ばかりではなくて、私的な、客観的には取上げるに足らない私的な意味のもの、つまり、わが家だけの文化財、または個人的な文化財があるはずだ。

私の家のことになるが、三、四代前から伝えられているタンスがある。金具の立派な船ダンス[1]で、幼いときから、寝ていて眺めていたタンスだったが、これなどは、半ば公の意味のものとしていいようだ。子どもたちも、これを売払うということには反対だから、そういう意味で、今日も部屋の飾りとしている。次に、亡くなった妻が、時々の小遣いで買い集めていた、たわいのない急須《きゅうす》の数々がある。それを食堂の壁に小棚を作って飾っているが、それは生々しい思い出を促してくれるので、子どもたちも、母親の思い出だからと親しんでいる。「今日は、何番目のあの急須にお茶をいれて」などと、思い出を生かしているのである。

けれども、私の仕事場、つまり書斎の中の有様には、子どもたちがこぞって不服を訴えている。散らばし方や、役に立たないようなあれやこれやが、いっぱいだからである。読みふるした本や、書きつけたノートのようなものは、当面なんら入用なものではないのだが、私としては捨てがたいのだ。昔、こういう本も読んだのだったか、などという思い出がわくのにひかれてだ。つまり、散らばっている、そのままの状態が、私にとっての私的な文化財なのかと思えたりするのだ。そして、「仕事をしている人の周囲は散らばっているものだ」などと理屈をこね出したりするから、子どもたちに笑われている。私としても、あの震災のとき、また戦災のときに、根こそぎに焼けてしまっていたら、新規まき直しで、サッパリした心境だったろうなあ、と思うこともしばしばなのだが。

生活環境の整理とか、生活の合理化とかいう単純な理屈が、これまで再三説かれていたが、そのスケールが小さかったせいか、こういう複雑な要素を包含しなかったのは、大きな手落ちだったといっていいのだろう。現に問題となっている産業開発とか、交通開発とかで、古い都の跡がつぶされるとか、住居跡がなくなってしまうとか、また、別の側では、丸の内の古い建物をこわして高層ビルを建てるとかいうことは、事の大小こそ違うが、家庭の中にみることと同じ性質のものだといえるだろう。大都市の貧民窟《ひんみんくつ》といわれるものをなくする整理ならばだれでも賛成だろうが、帝国ホテルの建物をつぶしてしまうなどとなると思い出のきっかけになるものが失われるのだから、物的合理化の立場と、心的価値尊重の立場との葛藤があるのが当然だといわなければなるまい。小さいわが家の中のことも同じことなのかとうなずかなければならない。

来客の見えるところに飾る方法はヨーロッパ風　さて、スケールの大きい、国や地方の郷土博物館に納める価値があるような品物については、そういう施設の完備の提唱を促して実現させ、そこへ、わが家の中の客観的意味のあるものを委託するとして、客観的には、箸にも棒にもかからないような、私的な文化財（？）の始末をどうしたらいいかを考えてみよう。

もしも、わが家の一室を、思い出の品を置く室に当てる余裕があれば、そこに棚やケースを設けて、きちんと飾るとたのしいだろうと思うのだが、今日の団地アパートなどではとうてい許されまい。仕方がないなら、玄関から応接間にかけて飾っておけるもの、客にはあまり目に触れない室に置くものというふうに分類して、それぞれの飾り方を考えることだといいたくなる。

つまり、インテリアの飾りつけとなるわけだが、西洋では、古代ローマからの伝統で、何に限らず室のなかに飾りつけるのが習慣になっている。たくさんありすぎるから、一部を収蔵しておくということをしない。しかも、昔のローマ人は玄関から応接間にかけて、自分の家柄を誇るような、何代目かの偉い手柄をたてた人の胸像や、記念品を飾ることが定法となっていた。そうするのが、今日でも、西洋の一般の風習になっているのである。

それに対して、日本のインテリアでは、そういう因縁のものは、収蔵しておくのが通例となっていて、時に応じて床の間の掛軸を掛けかえるとか、床の置物を置きかえてというようにして、その他のものを何も飾ったり置いたりしないのがならわしとなっている。

西洋式のやり方も無邪気でいいと思えるが、しかし、奥行きのある風韻《ふういん》をよろこぶ日本風の飾り方も捨てがたい。もちろん洋風住宅では、家族各自の部屋は、めいめいの城かのようにプライバシーがお互いに守られているから、そこへなら、何をならべておいてもいいわけだが、客が訪ねて来たときに、まっ先に目につくような場所に、先祖の手柄や当主の功績を見せつけるようなものを飾っておくということは、一般的に考えてふさわしいこととはいえないようだ。で、適当な折衷《せっちゅう》でいくのが順当だと思っている。

家庭史料館もそれぞれに個性的でありたい　私の家では、私自身、先輩たちや親しい友人たちからもらった手紙の類は自分の書斎に、また、調査旅行の写真や記録なども書斎におく。そして妻の部屋、または茶の間には、家族たちの幼いときからの写真帳、学校の卒業証書や賞状など、家族たちの状況がわかる8ミリの映画フィルム、みんなが集まって雑談しているテープレコード、日記帳、家計簿という類いのものを、入れ場所がはっきりわかるような引出しやすいケースに納めておくことにしている。なお、大事な、結婚前夫婦で交換した手紙類は、特別な箱に納めて、主婦室にというふうにしている。また、主人の社会的な仕事の経歴を語ってくれる、何々の資格の免状、役職の辞令、それからスポーツで獲得したカップ類（これはわが家にはない）などは、主婦室と茶の間とに振分けて収納か飾るかしている。

それから、旅さきで買った玩具、友人たちの旅の土産の小ものなどは、食堂か茶の間の長押の上にガラスのケースを作って、ごちゃごちゃに入れこんでいる。

人に思い出を促すものというものは、人により家によってさまざまであろう。それでいい、そのほうが個性的でうれしいわけだ。そしてその飾り方も、また、めいめいの好みでいいわけだ。そして、いつも見ていて楽しいものがあるだろうし、ときどき出してみて楽しいものもあるわけだから、収蔵しておきたいものもあることになるのだが。

おばあさんが孫の初節句に買ってくれた雛人形は三月に、おじいさんが孫に買ってくれた武者人形は五月のお節句に、だれの誕生日には何を飾ってというふうにすることが、家庭生活というものを健全に運営していく道であるとも考えられる。

ただ、注意したいのは、思い出にひたる対象となるものは、高価なものだからとか、安ものだからとかということにかかわらないということだ。また、とかく陥りやすい骨董《こっとう》趣味にとらわれても困るということだ。そして、お隣さんの真似事ではなくて、わが家独特のものであることが願わしい。

（一九七〇年 八二歳）

景色買い

都市のアパートの生活は、罐詰《かんづ》め生活だ。カベで囲まれた箱の中に、家具や道具をならべて、そこに家族たちが坐わると、それだけで与えられた何平方米かの空間がいっぱいになる。まるで、動物園の檻《おり》の中の動物のようなくらしだ。贅沢《ぜいたく》だといわれるかも知れないが、家の中で散歩でもできる位の広さの家でなければ、気分が内攻して、円満なくらしが出来にくい。だって、船の中や、汽車、自動車の座席のことを思えば、住まいだってこじんまりとしていてもいいじゃないか、と思うか知れないが、そういう乗りものは、海や山や田園などの自然の中を走っているのだから、うつり変る景色が眺められることによって、気分が停滞しないけれど、今日のアパート式住まいともなれば、固定した景色がマドから眺められるといい方で、家の二方、三方、場合によっては四方が隣りのカベで、目隠しされたりしているからかなわない。部屋が狭くても、庭があれば、庭へ出て気分を転換することもできるけれど、アパートでは原則として庭がない。

そこで、景色を売る商売が繁昌することになる。汽車や電車、バスなどの営業機関がポスターを貼り出して客に呼びかける。温泉場、山のホテル、海辺の遊び場などもジャンジャンPRをやる。それで、いやでも水を求める魚や、林を目差して飛んでいく小鳥のように、呼び立てている売りものの景色を求めて、休日には、それを買いに出掛けるのである。「アパート住まいが増えれば増えるほど、観光人、つまり景色を買いにいく人が増加する」という定理も、そこで成り立つのだ。

都市の中に、自然を織り込んだらいいじゃないかと思えるのだが、わが国のそれまでの都市居住者の住居には、大なり小なりの庭があったので、特に家の近くに景色を求める公園というものがなくても、そんなに痛痒《つうよう》を感じなかったせいか、親身になって、公園を作ろうとしなかったし、また、公園というものの効果を尊重することを知らなかったために、既設の公園の姿をどしどし破壊するようなことを平気で見逃して来た感もある。都市の公園というものは、お金を出して買いに行かなくても自由に自然を楽しめる場なのだという認識に欠けていたのだった。そのために、今日では、相当な金を出して、たれもかも、景色を買いに行くという、せちがらい状況に墜《おと》されたのだといえるだろう。

景色の物理的破壊の面では、公園という公園に、どしどし建物を建てて、盛《さか》り場然《ば》としてしまうことであり、また、化学的な破壊としては、河川という河川を、廃水とゴミの捨て場としてしまったことである。そのうえ、道路という道路は、自動車の氾濫《はんらん》と横暴で、すべて危険区域となってしまって、子供は一人で家の外へは一歩も出られないような交通害におとされてしまっている。

更に、公害としてとり上げられている空気のよごれがある。空気だけは無代で自由に吸える筈のものだったのに、都市の空気の恒常的な汚れ、時々襲われるスモッグなどのために、新鮮な空気を買い求める意味で、自然の景色の中に行かなくては健康を保てないというような情勢まで押しこまれている。人間ばかりでなくて、日本の樹として愛唱されて来た、松も桜も順当には育たないから、街路樹には銀杏いっぽんで行くか、などともなって来た。

とにかく、現代都市生活者たちは、高い税金を納めた上に、更に、気分の快適と健康の保持のために、休日に、レジャー費を財布に入れて、景色を買うに乗りものにのって、高価な場代を払ってということになっている。しかも、本当の自然に親しむことが、都市生活者に習性となり切っている歪みのために、つい物見遊山的な行動になりがちなのだ。そこで、意味のない散財、つまり浪費をしてしまうことにもなる。

そういう状況をキャッチして、景色の売り手である地元の人々は、地元の景気を呼ぶお客さんのご入来だと、愛嬌《あいきょう》を満点に振りまいて歓迎する。いろいろな手を考えて、反自然的な方向へと誘引している実情である。それで自然の眺めそのものを買いに行く筈の人たちは、生活というものの認識が薄いために、つい、いわゆる観光の馬鹿さわぎで、エネルギーをも財布をも空しくして帰る羽目になっているのだ。無代で迎えてくれる景色だけを買いに行くだけでいい筈なのに。

（一九六七年　七九歳）

CAFE
KIRIN

銀座交文具
ばんぢゅう本店

千疋屋フルーツ
パーラー

郊外・街路・書斎

このごろ郊外に建てられている中流人の住宅を、電車の窓なり、ちょっと用たしにでたときなり、散歩のときなりに、多少外来者の気分で瞥見《べっけん》すると、郊外住宅というものの型が、もうすでに決ってしまったことを思わせられる。

洋館が赤瓦《あかがわら》で、日本屋は黒瓦で、それに縁側がついたり、つり棚が設けられたり、そして洋館は南京下見(1)で防腐剤塗りか、ペンキ塗りで、やや気どったところで漆喰《しっくい》か、スタッコ仕上げ(2)で、屋敷のぐるりにはひばを列植して、庭は芝生か、花壇か、菜園かで、そして門は三〇円から一〇〇円、一五〇円ぐらいまでの種々であり、玄関のところはちょっと気どっている、というふうなのがまず一般である。

それは震災後数年間に、わが国の住宅建築（中流住宅建築）が発展して、一段落の静止状態に近づいたことを示しているかのようである。大工にまかせておいても、もう一通りの文化住宅はできあがる。試みの時代はすぎて、刺激は平面化され、一時のような急進的な動揺がなくなった。郊外風景は、もはや秩序的に、漸進的にゆるく歩いているかに見え、郊外生活者たちも、安泰に生活を進行させ、営んでいるかに見える。

小さい将来への小さい計画で、確実性というか、常識的というか、健康的というか、また向きを変えて家庭化というか、そういう方面にとっては万歳ものであろうが、このごろの郊外は、気分的な要素、刺激を追う者にとっての場面としては、ものたりなくなったようだ。そこでの生活全部が居間化してしまい、動きのない生活に変えられてしまい、もはや、そのまま単調な繁茂に向かうだけのものとなったようだ。

もちろん、小さい種々の動きがあるが、それはごくゆるい流水のそれだ。ひろってあげてみると、たとえば電車のなかで、郊外電車のなかで、隣の席や、つり皮の人びとの表情や風俗を流し目に見てみると、そこに階級闘争ならざる、階級ヨコニラミとでもいえる程度の小さい動きが見えるだけである。

甲は、やや上等の服飾をした家族連れで、子どもの衣服の注意のうえにも、どことなくゆとりがある。乙は、ややふるわない格好で、ふろしき包みをかかえ、子どもを負うた女人だ。そして彼ら、および彼女たちは互いに、見ていたり、見せていたりしている。これくらいの対立は、このごろの郊外風景の要素の個々であるが、それはあからさまに、甲だ乙だと指摘できる情景なり光景なりではない。要するに郊外は平和すぎる。おっとりしすぎる。

このような群団的な形成の巣のなかに生活している異分子たちは、このような環境にものたりなく感ずるままに、都市そのもののなかへと進出しなければなるまい。居間や書斎のなかの生活と軽いバランスをとるためには、街の散歩で、そして、それだけではということになると、都市そのものの臓腑《はらわた》にもぐり込むことになろう。

固定化した単調な郊外住宅地にそむく者は、都市街路へと彼らの感覚の生活地を求める。そこで街路には何があるか。

もともと住宅地と、そしてそこに住む人たちが享楽的に散歩にでる街路との対向的交渉は、いつも住宅地は静的であり、街路は動的であることによって成立している。

住宅地における生活、さらに一個の住宅内における生活は、家計予算通りに行なわれるのが原則であり、それによることによって平和がある。衣食住万般において、その規則をはずすわけにいかない。家賃は月々これこれであり、米屋の払いはこれこれであり、御用聞きの勝手口での宣伝も、そうたいして一個の家の支出表を狂わすだけに成功するわけにいかない。それは文字通りの日常生活であり、そしてそれに終るのだ。日常生活には軌道があり、レールがある。

ところがわれわれは街路にでると、そうするとわれわれは、急に遊ぶ気分にさせられる。街というものは遊覧の意味を、その成立条件においてもっている、といえるかのようであるのだから、おおいに反日常生活的態度化すべくあおる。

すなわちそこでは、日常生活からの解放があり、自由化があり、非軌道化がある。新宿で、銀座で、われわれは何を見るか、それは感覚生活に供される幸福境の数々である。商店、デパート、カフェー、食べ物屋、バー等等があり、また日常生活ばなれのした、派手な人形、否、生きた人形が、不規則的な雑踏《ざっとう》のなかに歩いている。

街は実に万態のものを収めているが、そのなかから仮にカフェーをあげてみよう。カフェーのなかは、街の騒がしさのなかのオアシスの地位にある。そこは休息所であり、否、もっと動的な刺激の汲まるる泉地でもある。

街では必要以外のものを買わされる。それと同じように、カフェーでは居間の茶卓《ちやたく》にすわったときとは別な消費が要求される。たとえば一つのマッチは家庭のなかでは実用品であるのに、カフェーの小テーブル上のそれは、分析することの不可能な妙な近代的立場のものと化せられている。

警視総監や大臣ばかりが、大きな妙な機密費を支出する立場にあるのでない。街を歩く誰でもが、同一な立場におかれているのだといえる。予算面にはない金額を人びとは街で支出している。街のカフェー内部の気分は、家庭内の日常生活への反逆をモットーとして成立している。賢者のまえには、ばかなことの骨頂《こつちよう》たることにおいて成立している。実に、享楽《きようらく》というものは、ものを粗末にする度合で強さの増大がある、ということを刻明に物語るように（日常生活と××、この二つの厳然と離れているものをA＋B＝として無批評的に取入れようとするのは現代的常識であり、そしてまた実に現代女学校の教育でもあるようだ)。

このようにして、われわれは書斎において何をなすべきであるか、書斎というと悪いかもしれない、とにかく机に向かうか、家に自分一人だけの気持でいる時間において、何をなすべきであるか。

そこでは不可思議な書物でも読みふけるか、古典でもひもとくか、新刊雑誌の瞥見的……でもやるか、またはポカンとしてはるかなるものの思いにふけるか。そして文筆の士であれば、そこで何かの生産が生れ、それが市場へだされるかもしれない。そういう彼はいたずらにたばこを吸いながら、吸い殻を積みつつペンを走らすであろうが、その際どこへ駆け足をやっているのか。

住宅内の植物性の平和に退屈して、街路で気分のいろあげをして、再び書斎でペンを走らせる。もちろん書斎では雑多な本を読む。そしてまた街路とは違う印象を与える諸種の会合がある。座談会、合評会、出版記念、送別・歓迎の会等々、また観劇、展覧会へ等々、――これらは、いわゆる冠婚葬祭の世間の義理ではない――雑多な封筒、往復はがきの種々、彼の机上はそれらでうず高く埋められる。そしてそれらのある数に彼は出席するであろう。そしてそこでの刺激は彼をして第二次的、否、直接的なゆるがしをなさせるかもしれない。

こうして書斎は、一方で街路や会合などに接触しているとともに、もちろんそこは住家そのものの一郭である。ドアは茶の間に接し、食堂に開かれている。そして机で仕事をしている間は、無条件に家族の一員として家庭生活を構成している。けれども彼は退屈もなにも感ずる余裕なしに働かねばならない。そして書斎はここに生産工場としての意味になる。――門柱に標札を掲げた製造工場としてである。

われわれは商品学において、製造品について、その原料は何か、どこ産の製品か、そしてどんな過程をへて、市場へ、そして市場価値いかん、などと吟味するのを知る。一人の書斎人の製品も、このように吟味されて当然だし、またそういうふうに進行している。

かつては、製造家と商人とは別々の時代があったが、このころは商人と製造家との連絡が密になり、一体化しつつ進展している。だから現代の新式書斎人は、製造家であるとともに、製品を商《あきな》うことに意識をもっているほうが、進歩的であるともいえそうだ。
——住宅、街路、書斎、その限りの以上のような連関のみに生活をしている人は特殊人で、したがって、ここに走書きしたことも、抽象的にしか意味をなさないかもしれないし、あるいはまるっきり無意味そのものかもしれない。純粋な工場、事務所、役所、研究室、教室、銀行、炭鉱、監獄《かんごく》、それらの場面に生涯の大部分の時間を暮らす人びとの多数があるのだから。

（一九二九年　四一歳）

早稲田村繁昌記

右に目白の丘、左にミョウガ畑

明治一五年（一八八二年）といえば、文明開化の波がまだ高かったときだ。東京市というものも、今日と比べて、ぐっと規模が小さく、その広がりは音羽《おとわ》の通りへの曲り角に当る江戸川橋あたりで終わっていたのだ。今日の早稲田大学の地は、まだ戸塚《とつか》村であった。江戸川橋あたりからの眺めは、目白の丘が右手にどこまでも続いていて、神田上水はそのすそを流れていて、はるか遠くに戸塚村の起伏が眺《なが》められ、左手は畑で、ミョウガ畑だったという。

その戸塚の起伏のふもとにかけて、大隈邸《おおくまてい》が構えられ、それと並んで、今日の早稲田大学に生い立つはずの東京専門学校ができたのだ。明治二十何年かに、この学校の学生だった津田左右吉《つだそうきち》（1）さんが書いたものによれば、「学生も、年齢や学歴はいろいろであった。学生の制服などはなく、みな和服で、しかも、袴をつけているものはほとんどなかった。ぼくのクラスの人数は二〇名か、あるいはもっと多くであったろうが、その半分ほどは講義に出なかったりで、講師によっては、聞くものわずかに二、三名に過ぎないようなことすらあった。講義はたいてい筆記する習わしになっていたが、それには毛筆で日本紙に書くのであった。実は、いろいろな意味からであろうが、筆記などをしなくてもよいのが、かなりあったようである。……よく知らないが、学生のうちには、家にそうとう資産があって、卒業してからは郷里に帰って何かの仕事をするようになったものが、少なくなかったと思う。専門の学問をするものも、東京で、今日のいわゆる就職をしようとするものも、あるいはなかったかも知れぬ。もちろんこれはぼくのクラスだけについての話である。……」というように、実にのんびりしたものだったらしい。就職とは無関係に、着流して和服で、でたりでなかったりとは、とてものんきで、のびのびしている。

学生街の誕生

東京専門学校ができてから、いささか校門のぐるりに家ができたけれど、目立って発展したのは、明治三五年に早稲田大学と改称してからだ。その晴れの開校式は一〇月二一日で、いまでもその日は記念日とされている。その開校式の日に、山吹町《やまぶきちょう》からまっすぐに早稲田大学の門前に通ずる新道が開かれたというが、その道は、田んぼの中の一条の坦々とした新道だった。称して早稲田大学新道と呼んだというが、道路沿いには一軒の家もない田んぼの中の道だった。その道で開校式を祝う大ちょうちん行列が催されたというが、その光景は想像におまかせしたい。しかし、それから一年もたたないうちに、この新道沿いに屋並みの繁華街ができた。ちょうど昔、大名のお城ができると、そのぐるりに城下町ができる関係だ。いうならば、わがオオクマサンは早稲田大学を作って、東京市を西に拡張したわけだ。その後ずっと長く、この町の人たちはオオクマサンに恩義を感じていたという理屈もわかる。

早稲田大学となったとき、制服制帽も制定された。今日のとがった角帽《かくぼう》が出現したのだ。

大学となってからは、いよいよ学生もふえたのだが、それからの早稲田のぐるりの消長は、都電、すなわちそのころの市電との交渉が大きい。当時市電はようやく飯田橋までだった。だから通学の学生たちは、江戸川沿いなり、神楽坂通りなりからテクッたものだ。市電が大曲《おおまがり》まで延びたのは明治三九年のことで、それから江戸川橋まで延びたのは明治四〇年の末のことだ。江戸川橋まで市電が延びてからは先の早稲田大学新道は、学生たちの登校道としていよいよ繁華になった。

いよいよそこで町も充実してくる。中でも著しいのは下宿屋だった。それはいまの鶴巻《つるまき》小学校あたりに集まっていたが、当時の早稲田の学生は約二〇〇〇人だった。その時代に、実にそこで、たっぷり三〇〇人の下宿人も収容できる下宿陣が営まれたのだ。そして、早稲田新道の表通りの屋並みには、学生たちを相手の文房具店、本屋その他がずらり連ねられたのだ。日本全国から出てきた学生たちばかりでなく、早稲田大学の名声にひかれた中国留学生の多数も、この下宿屋町に見られたのだ。

江戸川橋から早稲田まで市電が延びたのは、実に大正七年のことだ。それで交通がいっそう便利になったので、学生の数もどっと増加したが、とくに大学付属の夜間の工手学校なども営まれて、昼夜ともにぎわったのである。学生たちは早稲田の終点でどかどかと降りて、いまも、昔の面影そのままの、あのくねくねした幅の狭い小便小路に、押すな押すなの光景が見られるようになった。

校舎の増築も、ひっきりなしに行なわれた。明治二二年に建てられた、しかも大隈伯の私財で建てられたという煉瓦《れんが》造りの大講堂、それから明治四五年に建てられた煉瓦の三階建てのゴシック・スタイルの恩賜館《おんしかん》も、いまでは記憶にあるばかりだが。

校旗、校歌の誕生

以上は、いわば早稲田の風景史であるが、明治四五年ごろのこと、坪内逍遥《つぼうちしょうよう》(2)先生や島村抱《しまむらほう》月《げつ》(3)先生たちの文芸協会の演劇運動は、早稲田の人間風俗史上のトピックを生んだのだ。早稲田の文科といえば、今日でも雄なるものとなっている。その由来はそのときに築かれたものといえよう。それぞれ風格のある先生たちが、大学の内外で活躍したものだった。

そのころ一夕、私は抱月先生の自宅に呼ばれて参上したことがある。確かメーテルリンク(4)の

『モンナ・ワンナ』を舞台にのせようというときだったと思うが、島村先生はしょんぼりした、しかし底に熱を含んだ表情で、そしてそうだ、先生の後ろに松井須磨子《すまこ》がつつましくすわって、バルコニーから見下ろすイタリアの町の夜景について、ああこうと話されたことを思い起こすのであるが、とにかく、大学と社会との交渉が筒抜けだったふんい気は、今日では見られない図だった。

そうだ、明治四五年には、創立二五周年の祝典があった。そのとき就任の高田総長の秘書をしていた、若いハイカラな紳士橘さんが、もっぱら矢面に立って、教授連の式服を創始したのだった。そのとき制定のガウンは、いまでも早稲田名物の一つだが、一七世紀以来のイギリスの大学の制を取入れたのだ。またそのときに、何かの式のときにはきっと持ち出すあの校旗も新たに作られた。あれは佐藤功一《こういち》(5)先生の命で、私がデザインを描いたのだから忘れない。とにかく、真紅のガウンを着た大隈老侯の前に、あの校旗が立てられた光景が、いまでも目の底に残っている。それから、相馬御風《そうまぎよふう》(6)作歌の、あの「都の西北」の校歌も、ガウンや校旗などと、ひとそろいのものとして、制定されたと記憶している。

いらかはそびえて

大正一二年九月の大地震には、大学の被害はたいしたことはなかった。けれども焼けた東京そのものの風貌はまったく一変してしまった。焼野原を捨てて、どしどしと郊外の武蔵野を目ざして家を営んだので、今日の郊外発展の動向を生んだことになったのである。それで早稲田の地はもはや、都の西北の片隅でなくなった。西方へ西方へと新しい住宅地が延びていったからだ。それで、東からも西からも、すなわち鶴巻町通りからも、市電終点からも、馬場下通りからも、そしてまた戸塚の通りからも、というふうに学生が集まってきた。

そして世間は好景気に恵まれていたのだ。それが早稲田大学に響かないという法はない。入学志望者はいよいよ増してきたが、そのことと平行して、大学の施設そのものの飛躍的な充実があったのだ。いまではつたの葉におおわれているあの図書館や、学生ホールが建てられたし、また高塔に鐘が鳴る、あの大隈大講堂も建てられて、校内の景観が一変した。そびえるいらかがいっそう充実したのだ。しかし、この時期に、学生層に内容的ないろいろな分化があったことは見のがせない。

その一は、頑強に社会科学のとりでの中に立てこもる部類で、その二は、レクリエーションという名の下に、野球その他のスポーツを愛好する部類、そしてその三は、享楽こそ人生だと、もっぱら桃色作業らしきものに浸る部類、この三種にだいたい分類できたのだ。世間は好景気だから、就職などということには、一向くよくよしなくてもすむ恵まれた時世だったからだ。

学生ばかりがそうなったのではない。世間一般の風俗も、この時期、つまり一九二〇年代には大きな変更があったのだ。アメリカではウィルソン大統領[7]が、わが国では吉野作造《さくぞう》[8]が、しきりに民主主義を唱えたときに、世間一般は、ママとかパパとかの文化生活で答えたのだ。住宅はポーチのついた赤がわらの西洋館に限ります、といって、コーヒーや紅茶に親しむこと、そして女性たちは、洋装姿をあこがれる風潮へと歩んだのだ。アパートもそこここにできだしたし、政府はまた、大都市の貧民窟を新式のアパートに変えてしまったりしたのだ。レクリエーションの構えも、エンジョイする構えも、大学のぐるりに押寄せたとしても不思議でない。

下宿屋生活一見

風潮が変わると、古いいろいろなものが否定される。その否定された一つは、早稲田の町を構成していた重要な要素だった下宿屋だ。これまでのような下宿屋というものへの反抗が見られた。昔の大名屋敷の長屋然とした部屋割りの建て方で、田舎出の女中が、サービスらしからざるサービスをする。四畳半なり六畳なりに納まっていた主人公である学生たちは、できるならば、もっと家庭的な親しみのある、しろうと下宿に落着きたくなったわけである。

ついに、このような傾向に対して、下宿屋営業者のギルド(9)が、その防止にかかった。警視庁の手を借りて、職域擁護《ようご》と出たのだ。すなわち、官公私立学校の寄宿舎の止宿者、親類その他の縁故の家の止宿者にあらざるもの、つまりまかない付きの三名以上の止宿者を置くものを下宿屋と認めて、その営業を許可制とすること、という方針にしてもらいたいという結論で、その筋に運動したものだ。

下宿屋への不満が、町の様子にも現象として当然表現された。大正一五年のわが早大のぐるり、一キロ円内の光景は、いろいろな店屋で色どられることとなった。学生たちのコムミュニティとしての要望、否、需要にこたえる現象として、まず飲食にかかわるものをあげると、洋食店二七軒、カフェ七軒、喫茶店一六軒、ミルクホール七軒、バー三軒、食堂一七軒、ソバ屋九軒、しるこ屋八軒、もち屋一〇軒、その他、うどん屋一軒、かばやき屋二軒、天ぷら屋一軒、料理屋三軒、みつまめ屋七軒、氷屋五軒、焼きいも屋三軒、だ。

同じく学生に直接関係の深い店は、

古本屋二七軒、新本屋一二軒、文房具店二七軒、万年筆店一三軒、家具店九軒、製本屋七軒、その他、貸本屋二軒、カバン屋二軒、帽子店一軒、靴屋二二軒、洋服店五九軒、洋服仕立屋八軒、和服仕立屋二〇軒、せんたく屋一二軒、それに歯科医一〇軒、医院一三軒、だ。

それから娯楽各種その他の部類では、

タバコ屋七軒、理髪店二八軒、湯屋九軒、玉突き屋二一軒、将棋席一軒、碁席八軒、ピンポン店一軒、尺八教授一軒、楽器店一軒、写真機店二軒、運動具店四軒、寄席一軒、映画館一軒、となっている。

当時の角帽の学生諸氏がノートをかかえてさまよい歩いた有様は、だいたいこれで想像してもらえよう。おもしろくないといいながらも、営業の下宿屋にくすぶっていた学生の下宿屋での生活実態はどうか、の記録をもここにあわせて紹介しておこう。

彼氏たちは、四畳なり六畳なりに陣取っている。先に書いたように、食事どきになれば、田舎出の妙に化粧した女中が、ぞうりの音をたてて、廊下から、ガタピシする障子《しょうじ》を開けて、お膳《ぜん》を差入れていく。当人はその室内で、一心不乱（?）に四本足の机にかじりついていると想像してもらいたいのだが、その机の上にはスタンドが一丁、机の前には座ぶとんが一枚、机のそばには本棚が一丁あって、そこには参考書やノートのたぐいがある。鴨居《かもい》の釘には制服がつるされ、また、手ぬぐいやズックのカバンもつるされているが、それは今日の学生が持っているような紳士用の革カバンではない。

で、月々親もとから送ってくる金は、月に五〇円から七〇円までだ。月謝や臨時の出費を別にしてである。そのうち宿料が二〇円から三〇円だが、月半ばともなれば、ポケットの中の財布の金は、三円から五円というところは、まあ健全なほうで、たまには机の引出しから質屋の札が出てきたりする。

押入れの中には、敷きぶとんと掛けぶとんと寝巻きと枕。荷物としては、帰郷のとき持って歩く行李《こうり》かトランクが一、二個、何か雑品を包んだふろしき包み、それに窓の手すりの所に、洗面器一個に、石けん入れと歯みがきにようじ、下宿の玄関の下駄箱に、下駄一足、靴が三足くらい、という具合だ。

こんな状態なのは、下宿屋住まいのその当時の学生生活を物語る道具立てだ。このような生活を送って、無事に卒業免状をつかめば、どの会社でも採用してくれた。就職地獄というものもなく、アルバイトの苦労も夢にも知らない。だから学生にもよるが、今の教養課目に当る読書は自発的にやる。そうでなければスポーツで熱をさます。あるいはもっと気楽にぶらぶらして、親をごまかして、余分な金を送ってもらい、背広服でも整えて、ダンスホールなどに遠征に行く、というわけだ。まあ、それらのどの道を通っても、世間に出て勤めているうちに、まあだいたい、よくしたもので、どうにかやっていける紳士になる。

新宿へのびたレクリエーション

戦争時代のことは、どこもここも同じことだ。あえて早稲田はどうという筋合いのものではあるまい。終戦後、インフレの時代は、どうやら卒業生も売れた。けれど以前とは変わってきた。学生たちは、みなといっていいくらいチャッカリ夫人ではない、チャッカリ学生になった。勉強といえば要領を学ぶという傾向だ。それに学生服と背広服とを手もとにそろえておいてというチャッカリぶりだ。どうも、入学難の関門を突破してきているせいか、妙に点数かせぎ人たる気風がある。単位うんぬんの枠からくるせいかも知れない。

終戦後四、五年の間は、どこでも同じことだったが、早稲田のぐるりも、まるでサバクの中の感だった。一杯五〇銭のコーヒーなどは、新円切替え[10]の際、手が出るはずのものでなかった。けれども、このごろはめきめき復興しだした。喫茶店などは昔ほどではないが相当にできた。昔の面影がなくなったのは、復興の遅れている、もとの正門から東に延びたほうだ。それに比べて、高田馬場からの道はにぎやかになった。遠くから通学するとなると、レクリエーションもおのずから新宿のほうへとのびることになる。それでもとのような限られる範囲に、学生街らしいものが栄える可能性がなくなったのだ。都電も高田馬場までのびてしまったし、バスの便も、いっそう充実してきたこともそれを決定的にした。

しかし、大学の構内そのものの構えは、島田総長(11)の時代にも、着々と旧に増して立派になった。戦災で失われた建物は、全建物の約三分の一だったが、すでに復興済みであるのみならず、大学院の校舎も、共通教室もというふうにプラスに整えられたのだ。昔の卒業生たちが母校を訪問すると、「建ったねえ、立派になったよ」と驚くのだ。

最後に愉快な話を添えておけば、どの学部でもということではないかも知れないが、私の属する理工学部の学生の中には、自家用の自動車で通学している者が二、三人おるということだ。「先生、車を持っていますから、新宿までご一緒しましょう」などといざなわれるままに、昼の休みの時間に銀座へでも新宿へでも行ってみられたりする。やがて日本も、アメリカのような状況になるかも知れんなあと思うときもある。

（一九五五年　六七歳）

風俗は動く

郊外、大都市の場末に続いた郊外のマーケット付近には、このごろ、おとなをモデルにした人形が入っている箱をひっくり返したような情景が見られる。時間は午後三時ごろから夕方までである。好天の朗《ほがら》かな日などは、とくににぎにぎしく、わが国の過渡期風俗の万態がそこに見られるのである。

それはあるいは男見るべからざる情景かもしれないが、しかし風俗観測者としての立場からは見のがすわけにいかない。

昔の古い風俗が伝わったまま残っている田舎の山奥の探究は、常に風俗研究者たちが進んでやっているのであるが、しかし、現実に活発に動いている風俗変移の場面に対しても、いわゆる考現学的理論を振回わすまでもなく、十分注意するのでなければ、忠実なる風俗研究者とはいえまい。

たとえば、今日の遊覧地である伊豆大島のアンコ(1)の風俗は、あれはもちろん昔からある程度のなごりをとどめる異色あるものとはいえようが、しかしつい近年の流線型以後の都会の流行を知らなければ、あの装いのうちに見られる、島の若い女性であるアンコの細かい心使いの線を見破るわけにいくまい。あの手ぬぐいのカーブや、髪の装いの線は昔ながらのものではなく、最近の流行感覚が敏感に取入れられていることを見破らなければ、遊覧地の女の風俗というものの解釈にはならない。つい紹介し注意しようという焦点をそれたが、このごろのアパートや小住宅から出てくる若いおかみさんたちの驚異に値する風俗を、ここにしるしたいと思うのである。

どんな理由で彼女たちは場末に特異な風俗を展開することになるか、という結論からいえば、長屋がアパートに変わり、着物が洋服に代わったことがその大きい原因であろう。

長屋がアパートに変わったが、それに住みついた伝統というものがない。またそれへの住み方を誰からも教わらない。だからアパートに住めば彼女たちは、その新奇な空間のなかで、鍵付きドアを開閉する新しい感覚を味わいながら、彼女たち独自の創作的な生活をはじめ、その新奇に親しむことで小さい習性が生育してゆく。

また、着物が洋服に代えられたが、彼女たちには洋服の着方の伝統がない。だからその着方についての束縛《そくばく》がない。自由な気持、着物の着方の伝統の束縛から離れた自由な解放された気分で、少しずつ洋服というものに対してのあやしげな習性を作り上げてゆく。そしてたんすのなかには、なおいく重ねかの和服もあるしするから、その着方の混乱がいっそうはなはだしくなる。

こういうような状態なのだから、現在彼女たちが示している風俗について、誰を責めようもない。実にそれは自由な天地で、モダンな素朴《そぼく》な天地である。春も、夏も、冬もだが、冬から早春にかけては特別、寒さへの防備から、その着合せの新しき妙味が自由に奔放《ほんぽう》でみごとである。ひとつ重要なことをいい忘れたが、午後三時ごろは、男という男はすべてサラリーのために勤めにいってそこにはいない時刻なのであるから、ちょうど亭主たちが漁に出た後の漁村の女たちに見るような、朗かさが見られるとでもいえるのである。

夏はすでに知られている通り、日本婦人のサマードレス、あるいはホームドレスは全国のとおり型になったので、それに素足でつっかけで、軽々と歩くことが、まさにひとつのスタイルをなした風俗といえるのだから、問題はないとしても、冬の洋服は不幸にして日本の寒気もそれに対していくらか激しすぎるために、腰から下に不自然な寒さを感じさせるらしい。靴下にしてもあるかなしかの薄い洋風なのだから、なんとしても不十分である。で、それをはいたのも短靴下をはいたのも、また、足袋をはいたのも、全然素足なのもあるし、つっかけか、赤い鼻緒のこま下駄か、そうかと思うと、とっておきのハイヒールのサンダルだの、また主人公の角下駄をひっかけたのなどさまざまである。

外出にはオーバーがいる。てっとり早い人びとは、男物のオーバーをひっかけて、手が袖のなかに埋ったりしていて、衿元からはげたお化粧の顔がぴょっこりのぞいたりしている。そうかと思うと、洋服に着物の羽織をひっかけたのや、またオーバーのバンドをだらりと垂れた、ゆうゆうたる偉丈夫《いじょうふ》もみられる。

洋服自体も、女学校時代に着たようなのや、借着のように見えるのや、妙に色彩が鼻につくものなど、とりどりである。

頭髪は、もちろんおそるべき見もので、パーマネントに昨晩の寝ぞうを語るものなど、実に測量に骨が折れる。

明治時代からのかっぽう着もこれらに便乗しているし、そうかと思うと洋風スモックもある。このような万態が新開の場末のマーケットで、それぞれ買物をあさるのだから、動物が餌《えさ》をあさるのに穴から出てきたかのように、相当ものすごい。

まさに風俗は過渡期である。スマートな紳士ならざる私のごときも、ここではそう感ぜざるを得ない。

（一九四〇年　五二歳）

うつりかわり

それは明治三十九年の春だった。郷里である東北の街の場末に住んでいて、ドジョッコだのフナッコだのを、田圃の小川で追っかけて遊んで育った青年が東京へ出て来たのだった。上野の駅に汽車がついて、住みつく所に納まったのだが、東京の第一印象は、家がたくさんある所だなあ、そして、なんだかいやな臭いがする所だなあと思ったことであった。考えてみたらばそれは各戸の流し元から出る汚水が溝に停滞しているからだとわかったがその点ではいやな所だと思った。

それから、いわゆる東京弁というものはハイカラに聞え、郷里の野暮《やぼ》ったい言葉では、ものをいうのがおっくうで困った。

上京した次の年、上野公園にある絵描きの学校に入学したのだが、市電（都電）というものがあったのだけれど、四キロばかりの道を歩いて通ったものだった。道路は一帯に狭かったが、自動車というものは一台もなく、ときたま軍人が乗馬で通ることぐらいに気をつけておればよかった。人力車というものも通ったが、それはスピードの関係で気にしなくてもよかったから、のんびりと何かを思いながら歩いておれたのだ。

賃家札は、ほとんど町毎にみられたものだった。そういう賃家の部屋には、大抵ガス灯がついていたが、たまには石油ランプを用意して引越さなければならない家もあるという状態だった。

街の飲食店といえば、ソバ屋に、すし屋に、ミルクホール(1)だけだった。ミルクホールには「官報あり」という貼紙がはられていたのが妙に記憶にのこっている。

大正時代になってからと思うが、ミルクホールと平行して、カフェーと呼んでいた喫茶店が現われた。コーヒー一杯五銭だった。この頃のミルクスタンドや、せせっこましい喫茶店とちがって、店のまん中に大卓子《だいたくし》をおいて、その周囲に悠々と会議でもするように腰かけて、そなえつけの新聞でも読んでミルクでもコーヒーでも飲めたものだ。もちろんアベックでというものではない。

第一次大戦後、欧米に興った諸事改革は著しいものがあった。それをうけて、日本の有識者たちの間に文化生活の提唱が起った。衣食住、交際などの封建性打破、生活の合理化運動であったが、関東大震災後の復興を機にそれが芽を吹いたといえるのである。

当時の東京の盛り場といえば、明治のはじめの煉瓦造りの屋並みが現実にみられた銀座、博覧会場や展覧会場としての上野、観音様の浅草などだった。今日の新宿も、渋谷も、池袋も、近郊農村の人々が糞尿を運ぶ大八車が蜿々《えんえん》と続いたぬかるみの場末の町に過ぎなかったのである。

大正十二年の九月一日、地面がものすごくぐらぐらとゆれた。ちょうど昼頃だったので、食事の支度の火に、倒れた家々がかぶさって火事になった。街の諸方からその火の手が上がった。それで東京の目抜《めぬき》の街は全滅してしまった。家ばかりでなく、家財道具いっさいが焼けてしまったのである。

それ以前から、個人経営のアパートがぽつぽつ建てられていたのだが、震災で家を焼いた人たちへ打つ手として、公の手でアパート建設にとりかかった。いわゆる同潤会《どうじゅんかい》(2)のそれで、今日でも、神宮表参道や、渋谷の代官山《だいかんやま》などに汚れた姿で建っているのがそれである。それを建てる方針は、耐震耐火ということだったのだ。いうまでもなく鉄筋コンクリート造りにしたのである。

そして道路が狭いことや、工場、商店、住宅などが入り混って建っていることや、橋梁《きょうりょう》は不燃性のものでなかったことなどが指摘されて、道路系統の整備、地域制の区分、橋梁や公園の検討がなされて、いわゆる都市計画が注目され出したのである。しかし、その当時は、今日の通勤ラッシュや、自動車ブームは全く考えられなかったのであった。

震災前に既に耐震耐火の構造で建てられていたのは丸ビルと海上ビルなどだった。そして新たに一般の街区の表通りの建物は耐震耐火造として、それを防壁の意味にするような方針にしたのである。

街の景観はそういう風に一新される気運に向ったのであるが、住宅を焼いてしまった人たちは、主として中央線に沿うて、中野以西の武蔵野に、既にムード化されていた文化住宅(3)、すなわち赤瓦の屋根の、芝生の庭をもうけた垣根の低い方式のものを建てて住みつくことになった。間取りも従来のように客間本位のものではなくて、リビングルーム中心の朗かなものが好まれたのである。こうして新時代の紳士家庭が生れたのだ。

私じしんも震災被害者の一人であった。それで吉祥寺《きちじょうじ》の貸家を求めて移ったのだ。そこで驚いたのは、空気が甘く感じたことであった。そのせいか、食欲もめっきり進む経験をしたのである。都内に生活していて気がつかなかったが、やはり都内の空気がその当時も汚れていたものだったかと考えさせられた。

ひとつのエピソードは、芝の愛宕山《あたごやま》に現在のＮＨＫの放送局(4)ができて、ラジオが聞けるようになったことである。各戸の屋根にアンテナが林立する風景が、都内郊外の別なくみられたのがこの頃であった。

こうして東京の中心部には耐震耐火の建物が順調にその数を増し、そして、郊外の住宅地も日に日に充実して行くこととなったのである。

賽《さい》の河原ではないが、またまた東京は太平洋戦争で破壊されてしまったのだ。折角の耐震耐火のビルの多くも、爆撃の火の強烈な熱度のために破壊されたのだ。新規まき直しだ。けれども日本人の不思議なエネルギーで、ここ二十何年間で、以前よりも一層整備した景観のものになってしまったことはご覧の通りだ。終戦が近づいて、おいおいと爆撃が強烈なものとなったので、地下壕《ちかごう》に待避することも不安になった。人々の多くは、家族をひきつれて地方の農村に疎開したのであったが、終戦の声で、また東京に舞いもどってきた。けれども数年間は、衣食住の資材不足で、想像を絶した苦痛を経験させられたのだった。しかし、不思議にもたち直ることができたのだ。おいおいと産業も開発されて、職場も整って来たが、それと共に、働く人の手が不足だという状勢にひかれて、地方からどしどしと、新規に東京に集ってきたのであるが、それはなお続いている。

食料も、衣料も、不足をなげく時代は過ぎたのだが、住居だけは、今日なお深刻にその不足が叫ばれているのである。住宅公団その他の手で、住宅を供給しているのであるが、戸建ての住宅をという中流階級者も多い。それで、宅地がない、地価が上がる。団地アパートは、どっかの隙間をさがして建てられているが、交通関係との調整なきままに通勤者たちのラッシュを解決するめどが立たない。オリンピックをきっかけに高速道路も営まれるようになったけれど、自動車生産のスピード化におされて、道路の幅がいよいよ狭くなる。

これらの点において、どういう解決の方法がとられていいものか。どれかひとつずつ克明にやっていくか、大局をつかんでいろいろな予想される摩擦《まさつ》を克服してやっていくか、そしてそれについての具体策はといえば、誰も知らないもののようだ。正にマンモスと呼ばれる東京なのである。

（一九六七年 七九歳）

学ぶ態度と教える技術

　学校の教師というものは、つらい仕事を背負わされている。私は定年退職してからすでに一二、三年になるが、いまだにときどき、そう思うことがある。とくに最近、公害うんぬんが指摘されてからは、各方面の学問が部分的にか全面的にか変貌《へんぼう》を迫られているのに、古いノートを手にして教壇に立ったのでは、よほど鈍感な先生でないかぎり、良心にとがめられるだろう。

　このごろの学問はどう変わらなければということは、概して二〇世紀の第一次世界大戦の直後、急速に再整理されたものだからだという点にかかわる。物資不足、労力不足の情勢では、少しの遊びも許されない。ぎりぎりに科学的経済的計算で切詰められた物資ばかりが消費面にばらまかれたのだった。戦後の復興住宅というものはそうであるし、裁ち方が直線的だったショート・スカートもそうである。とくに、建築のほうでは、科学的・経済的に切詰めた建築こそ、モダンすなわち近代的建築であって、不要のものを付加えると堕落した建物になる、などときめつける傾向はいまだにある。インテリアも、狭い空間の中に、いかにしてじょうずに棚を設けるか、狭い部屋を能率的に合理的に整えるか、そのために、動線研究をやり、人間工学を活用して、などという方向へ注意をもっぱらとしなければとなっているのである。

そういう考え方が盛りあがった歴史的理由は、一九世紀から第一次大戦までの期間は、建築においても服装においても、社交においても、超元禄《げんろく》式といいたいくらい、物資や労力のむだ使いをしていたことへの造反運動とみられないこともない。服装でみると、胴も胸もぎりぎりに締付けるコルセットを装い、床にひきずるスカートで、そして、手芸的な装飾をそれらに配した、いうならば貴族的なスタイルだったのを、科学的・経済的にばっさりと精算したのだから、その意味も大きい。万人平等の思想、戦後のデモクラシー時代を築くのに有効なのであった。しかし、こういう思想のみが肯定《こうてい》されるような時代を見直さなければならないというような着眼が、今日のものとなってきつつあるといえよう。

五〇年ばかり前のことだった。当時、植物の生態学の研究に着手していたK博士[1]と旅行で一緒のとき、細い田舎道を歩きながら、道ばたの一本の雑草を抜取って「これはじょうぶな草ですよ、一メートル平方の土地に幾本生えて伸び伸びと育つか、その限度について調べていますが、地形、地質、気象などのことも関係しますがねえ」と聞かされたのであった。愉快な学問もあるもんだな、とそのとき思ったのである。

前に述べたように、二〇世紀の大戦後の建築は、いわゆる素朴合理主義で、科学化・経済化ばかりをねらいとしている。それ以外のことに目を向けることは邪道だとされていた。そのために、住居は生きている人間の精神面とは交渉のうすいものとされてしまった。物的に合理的な建物をまず造って、その中に人間を入れこんだのだから、まるで、人間そのものを機能主義の理屈に合うように癖直しをするような状況がみられるようになったのである。そこで、近代的合理主義的な住宅を建ててもらったのでは困るという声も、住み手のほうから出てきているのである。事務所や工場建築なら能率的・機能的であるほどふさわしいであろうが、仕事から離れて、わが家に帰ってからも合理主義では困る。奥さんの態度まで合理主義なんてきたら、もう逃げ出すほかない、というのが実感であろう（このこと、つまり奥さんの家庭における態度全般が、学校の近代的な家政学でやられたのでは大問題なわけである。事実、家政学の先生くらいつきあいにくい人はないと学生たちがいったりしているのを聞くのであるが、なんとか改革しなければならない大きな課題だろう）。

先の植物学者の着眼している植物の生態学的研究では、一定の環境（天候の動きなども加わるが）の中に、特定の植物はどのような生き方をしているかということの観察から始まるもののようだ。一定の環境の中で伸び伸びと生きるままの姿で生きている状態を観察し、できるかぎり、その性状を生かして素直に育つような工夫をする（つまり農学の）基礎的研究のひとつなのかと考えさせられる。

繰返すことになるが、物的機能主義では、どこまでも人間を機械とみたててその研究を進めていると考えられるのに対して、生態学は住む環境における人間の行動を、心理状態までをも含めて研究しようという立場だといえるのであろう。もともと環境といえば抽象的な言葉であるが、そういう分析なしに、環境うんぬんと振回されると意味がわからなくなる。環境という場合には、生態学まで結びつけなければナンセンスな感がある。

学問には、研究室の中でやる学問と現地におりてやる学問との二種類があるといえよう。またそれと関連して、学校の教室などで説く学問と、もっぱら現地で、場合によっては野天で説く学問との別があるともいえるだろう。そして研究室で研究し、学生たちを集めた教室で説く学問は、いわゆる文部省流の学問、文部省系の学問で、これに対して農村などの現地で、そこに営まれている生活を研究し、そして農家の屋根の下に集まってくる村の老若男女の集まりで説く学問は、農林省流・農林省系の学問だといえよう。

二〇世紀の学校家政学は一九世紀のそれへの造反活動として、生活の合理化という旗の下に家政学を推し進めてきているのであるが、他方、農村における生活の学問は、生活改善という当面の名目の下で、直接農民の現状について学び、また実際、その改善について指導する活動をしているのである。いうまでもなく、農村にこそ非合理的な封建的な残像が濃厚にみられたのであったが、そのことは、今日問題とされているアメリカの軍部のかかえている秘密と同じような関係が含まれていたのであった。詳しくは差控えなければならないが、暗示的に記しておくと、日本の戦前までの農政には、軍部の紐がついていたということである。それが戦後は、農村の生活こそ新規なものにしなければという、アメリカの指令のままに、全国に約三〇〇〇人の生活改良普及員(2)が農林省所管で配られて、研究をさせ、指導にあたらせているのである。もちろん学校家政科は、そういうむずかしい仕事にはノータッチのままで進行させられたのである。

考えると、農村の生活改良普及員たちが研究し、指導に回っている現地は、米の平野、養蚕地、蔬菜産地、果樹栽培地、酪農地、それに山村も、漁村もという広がりで、しかもその昔、大名の領地だった関係から、それぞれ伝統的な習俗がしみついている現地なのである。いうまでもなく学校の抽象家政学は、それには歯がたたない。それを見通してアメリカで占領時代に、農民の生活指導は学校家政科とは別に、と決めたようなのだ。

私は農林省流の家政学を学ばされたものである。通計五〇年間、農林省およびその関係の研究費をもらって全国の農村を歩いて研究したし、また説いて歩いたのである。本職の春、夏、秋の休み、その他をこれにあてたのであったが。

生活とは、自分自身の現実のことであるし、また社会の人びとにみられる現実でもある。紙の上のものではない。私としては、できるだけじっくりと、家庭の場における金の使い方や、物の消費、家族の人間関係などを観察することからはじめたのである。機会あるごとに、社会の各層の人びとの生活をもみてきたつもりである。とくに農民の生活には通計五〇年間接触してきたし、その間に、工員や鉱員たちの生活をも見て歩いたのである。不得手なのは、学校家政科で学んだ中流家庭の都会の奥さんたち相手の場合である。しかし、わが家の暮らしについては、相当分析的に考えてきた。母とで営んだ家庭のことも、妻と子どもたちとで営んでいた家庭のことも、考えながらやってきたつもりでいる。そして、その人が暮らしてきたその態度いかんで、家庭生活を説く資格があるかないか決まると思っている。そういう現実をふまえて、生活にかかわるマスコミから、適切な情報に注意して整理しておけば、つぎつぎと変わっていく暮らしについての認識も深まっていくものと信じている。それを学生たちに分担でやらせて、お互いにディスカッションしておれば、研究室での研究が順当にのびていくのではないかと考えている。なかには実験を必要とするものもあるとは思うが。

農林省の生活指導者たちは、今日も自転車に乗って村の家々を巡っている。家の修理から、食物の栄養のこと、交際のこと、農協や役場との交渉事などについて、農家生活を一歩一歩よくしていく指導に努めている。そして多くの場合、それが研究になっており、また教えることにもなっているのである。彼らはもっぱら現実の生活ばかりを対象としているから、学校という常設の城がなく、地方事務所の中に小机をおいて、事務万端のことをすませている状況であるが。

私は農村へ行くと、老若男女の中に立って話し合うことを仕事としているが、しばしば難問（？）を投げつけられるので油断ができない。「私のつれ合いは昨年亡くなりました。村の人たちにも親戚にも、あなたのつれ合いは働き者で財産を残したでしょう、お墓を立派に建ててやりなさい、といわれて悩んでいます、どうしたものでしょう」と、当人は孤独な表情で語った。先生といわれる私はどう答えたかは伏せておこう。偶然その町は、佐藤総理(3)の郷里の地だったことだけは添えておきたい。

（一九七一年　八三歳）

人づくりの哲学

Ⅰ　試験のない学校

約二十年前の敗戦後まもなくのことだった。

早大の理事会の席から呼び出しがきた。議長席についていたのは、当時の総長島田孝一《こういち》さんである。

用件というのはこうだった。

「戦後の復興で、国としての重要な目標の一つは、貿易振興となるだろうが、それにそなえて、デザインの学校を創らないか、そのための経費なら寄付しよう、という校友がある。とりあえず各種学校として出発することにしたいのだが、そのキャップをひきうけてはくれまいか」

という相談がかけられたのだった。

名称は『早稲田大学工芸美術研究所付属技術員養成所』[1]として、校舎は現在空いている運動部員の宿泊所をそれに充てたいというのだった。それだけの枠をきめたのだが、そこの教授内容などは白紙だ。「一切君にまかせるから、やってくれないか」「万事おまかせ願えますか」と念を押したが、「もちろんOKだよ、思う存分やってもらいたい」というのだった。

早速、ご郷里新潟で静養されている會津八一《あいづやいち》[2]さん（早大名誉教授）にその旨を書いて、応援をお願いしたらば、「大賛成」というお返事だった。

先生のスタッフは、理工学部、文学部、商学部等のなかからお願いし、それから、デザインの技術の専門家、画家、彫刻家たちをも見当つけた。そしてねばり強いので期待をもてる新井泉[3]を教務主任に、事務主任は渡辺保夫さんという具合にお願いしてそれぞれ承諾を得た。内閣組織の段取りができ上がったので正式に学校からそれぞれ辞令を出してもらうことにしたのである。

2 入学考査は

準備が特急でできたので、学生募集の新聞広告を出した。今ならば、押すな押すななのだろうが、戦後のごたごたがまだ納まらないときだったから、予定の約倍位の応募者であった。入学試験というものはやらないことにした。選考だけでいこう、履歴書と口頭試問だけでときめた。どういう選考をやるかは、次のようにきめた。

いろんな大学に試験をうけて、落第した回数の多い者からとることにしよう。一回位大学の試験で落ちたという者などは、まだこの学校で学ぶ資格がない、とつっぱなした。

こういう選考の仕方で、入学させる頭数もそろったのだ。

学部の先生たちや、技術の先生たちには「この学校は試験というものを一切やらない方針にしたのだ、講義や指導はして頂きますけれど、及落の判定は、顔色をみてやって頂きたいのです」

国民教育に責任をもっている文部省となれば、入学考査をやかましくやる。そして入学考査に落ちた青年たちは、青年の屑扱いをして捨ててしまう。国民教育はそういう方法で達成するものと考えていて、何等そのことについての疑問を抱くことをしない。そういう方針の下に、長年私も、理工学部の教員として、落第させた青年たちの悲痛な表情に接して来た者だ。しかし、各種学校という名目ならば、直接文部省の指示をうけなくてもいい。

ずっと以前のこと、大隈さんがまだご健在のとき、早大の理工科付属の夜学に工手学校《こうしゅ》(4)というのがあった。各種学校の枠のものだったが、教室の椅子のあるかぎり、何千名でも入学させたものだった。私も週数回その夜学に講義に出て、群をなしている青年大衆に、ものを説く経験をしたものだった。いうならば、社会奉仕の経験だ。自前で経営している私立大学の所帯についてもしみじみ感じたのだった。兄貴分の東京タワーの設計者内藤多仲《たちゆう》(5)さんとも、「君、苦労はするものよ」といい合ったものだった。

しかし、それは今では太い芽を吹いている。合計万余の、当時の夜学の生徒たちは、時々同窓会を催すが、その席によばれて行くと、堂々たる社会的地位を得ていて、「大学の卒業生ならば何名でも私のところでひきうけますから」などといってくれたりするのである。

相当な年配の私学の先生たちならば、こういう苦労をつんだ経歴者なのだ。こんどのデザインの学校のことをひきうけて、ばっさりとやったのをみて、「あいつ、何をやり出すか。とにかく変わり者だよ」と、早大の教師仲間の注目のまととなったのだ。

アメリカの方針に従って、いよいよ大学も「新制」に切りかえるということになって、勢力をその方に集中することになったので、デザイン学校も三年で、いな入学中の者の始末で計五年で全廃となってしまった。やめてから十四、五年になるが、ぼつぼつとえらい男が出ている。大会社の課長係長、文展の常連、挿絵画家、舞台装置家などなど、とにかく能力の点では一筋縄ではいかない豪の者たちが現われ出したのだ。

文部省も、子弟を持つ親たちも、ママゴトのような試験にあくせくしているが、とっくりと考えて頂きたいものだといいたくなる。

3 思い出

藪《やぶ》から棒にそんな考えが湧いたわけではない。私には私としての経歴があった。少年時代から私は学校というものはきらいであった。教室の机に坐っていても、講義をしている先生の顔をぼんやり見ているだけで、講義そのものは何が何だかわからない。家に帰ればカバンを投げ出して、裏の田圃《たんぼ》でメダカや雑魚《ざこ》のおる小川をかきまわしたり、ぼんやり遠くの山の色を見たりで、恐らく役に立つようなことは何にも身につけないで過したのが私の少年時代だった。だから昔の中学へなど入学できる筈がなかった。入学試験には落第した。かろうじて二流以下の中学に通わせてもらったのだが、中学の教室では、いよいよ何が何だかわからないままだった。かろうじて卒業はさせてもらったものの、中以下のびりっけに近い順番だったと記憶している。

それなのに少年の虚栄心で、昔の高等学校というものに入学試験をうけたのだったが、もちろん落第だ。

そのたびに母親は、将来が気になるといって泣いたものだった。その母親の写真を見るたびに今日の私も涙が目にしみてくる。

それで入学試験のある学校ではだめだ。気楽に入学できる学校はないものかと捜したら絵描きの学校なら、絵を一枚描いて、それで入学できるかも知れないと教えてもらったので、そこへ試験をうけた。

幸いにもびりっけの成績だったが入学できることになったのだ。

上野の芸大だが、今日では、語学も数学も、アメリカ張りに入学試験がやかましいから、私などはとうてい入学できる学校ではない。東京美術学校といった時代にはそうでなかったのだ。

愉快な入学式があった。当時の校長は正木直彦《まさきなおひこ》(6)さんだ。一同を坐らせて、先生が壇に立って訓辞（?）を述べた。「この学校は、何も教える学校ではない。また勉強せよなどとはいわない。大勢入学した人の中から一人か二人天才的な人が出れば、国としてこの学校を作っている役割りが果たせたことになるのだから……」という主旨の入学式の訓辞だった。それをきいて、私は、「よかった、よかった」と、安心したのである。そして、五年間、温泉へでもつかっているような気持で、じぶんの興味の趣くままにくらすことができたのだった。動物園へ行ったり、博物館に行ったり、足をのばして浅草へ行ったりだったが、とにかく制服を着て、絵具箱を下げたりして通学したのだから、母も安心してくれたようだった。

同窓生には、町田佳声《かしょう》、斎藤佳三《かぞう》が、同じ科で机をならべた組だったが、同期のものには、彫刻の北村西望《せいぼう》、斎藤素巌《そがん》、油絵では片田徳郎《かただとくろう》、神津港人《こうづこうじん》、日本画では、上山草人《かみやまそうじん》(7)などがいたのだった。みんな集まる実習教室では、町田は三味線を抱え、上山はセリフまがいをうなるという具合で、まるで動物の集まりかのような光景が呈されたものだった。しかも隣りの音楽学校からは山田耕筰《こうさく》(8)が顔を出すし、浅草へ行けばサトウハチロー(9)がとぐろを巻いているという雰囲気のなかで、解放された人間というものの修業ができたのだった。

そういう経歴の持主であることが、早大での工芸技術者養成所の責任者に立たされたとき、芽をふいたのだといっていいようなのだ。

「そういう君は、よくも五十年近くも無事に学校の教員としてつとまったものだね、何か仕掛けでもあったのかね」と、しばしばきかれたりする。もっともな疑問だ。どうしてかというと答えに困るが、どっか私としての誠実さ（?）とでもいうものがあり、また愛嬌とでもいえるものがあったせいかも知れない。幸いに先輩からも同僚からも、比較的愛される存在として、責務とするところだけはまがりなりにも果たしてこれたようなのだ。しかし、今日のようなせち辛い時代ならば、私のような無器用者は、とうてい、教員としてつとまる筈がないとも述懐せずにおれなくなる。

しかし、つけ加えておきたくなるのは、学生たちとの交友のことだ。学生たちとはいつも仲間としてつき合っていた。講義のときに質問が出て、ちょっと簡単には答えにくい問題だったりするときには、学生を街の喫茶店につれていって、コーヒーを飲みながら、「君はこの頃どんな本を読んでるんだ」などと、疑問の湧く本拠をつきとめて、「それはねえ……」などといい合ったものだった。

4 湧き立つ世論

亡くなられた池田首相(10)が健在のとき、「人づくり」という政策をとりあげて、世論に投げかけた、その反響は大きかった。池田さんにすれば、発展していく日本の産業振興のために、優秀な技能者を沢山生み出すような教育を盛んにしようという含みが重点だったようだが、うけとる側としては、非行青少年をどうするか、という話題に注意がそそがれていたときなので、人づくりというテーマがその方に流された感があった。

そのかけ声で、諸官庁が、まっていましたとばかりに、予算分捕りの看板を掲げた。

たとえば、総理府は「中央青少年問題協議会」という看板で、非行青少年の原因について協議する。警視庁は、「非行青少年対策懇談会」というのを。文部省は、「幼稚園拡充策」「後期中学教育充実策」「勤労青少年の新しい人間像」「家庭教育の教科書」その他、婦人学級や成人学級で「家庭教育研究集会」などという構えで研究をはじめ、また厚生省は、「中央児童福祉審議会」の中で「家庭対策特別部会」をもうけるという、素人には気が遠くなりそうな看板が、鶴の一声で出揃ったのだ。

人づくりのいっぱんの世論はどうかというと、今日の家庭にみる人間関係の混乱がそもそもの原因ではないかと指摘している。旧から新に移る今日の家庭、特に低所得社会の家庭、新しく建設されなければならない農家の家庭、さらに住宅事情、母親の就労、家庭指導の欠如、などをあげているが、どれをみても、急にはどうともならないような提案ばかりだ。

賑々しく看板が上げられ、提案も出たのだが、それらを内容的に分けてみると、経済の問題や社会施設などにかかわることと、そして、国民みずからの立場でやっていかなければならない愛情などの人間関係のこととに分れるようだ。

これらは、一九五九年のニュースからひろえた事項である。

こうして、人づくりの問題は、知能的秀才教育の問題から、知能的底辺の問題の方へ下りて来たのだ。そしてこれらの二つのことは、一つの系列のものとして律せられるものかどうかが問題であろう。知能的頂点のことを高唱すれば、当然、知能的底辺の幅が増大する計算になるからだ。

5 知能的底辺の問題

知能的秀才教育の問題となると、私には発言能力はない。しかし、私の経歴告白をみてもらえばわかるように、知能的底辺の問題となると、私として多少発言してみていいようだ。

地方の婦人会などの講演によばれて、演壇に立って、集まったおかあさんたちの顔を見ながら、「私は、学校では落第生です。さんざん落第生を体験しました。このとおりの格好で、今でも紳士らしくはなれないのです。じぶんが、えらそうだなどとは思えないからです。気がひけるのです。思い出はかなしいのです。そのために、青少年時代にはさんざん母を泣かせました……」とあいさつすると、おかあさんたちもしんみりした表情をしてくれる。（しかし、たまには軽蔑して見かえすような婦人もある。）「私の場合、いつも正直であること、カンニングはしないこと、無理はしないこと。……わが家では、子供たちには、いつもこういっております」などと切り出すのであるが、案外身につまされるようにきいてくれる。

秀才型のばりっとした紳士が、非行青少年について説きかせても、実感がともなわないから、空転に終わる。愛情の琴線に触れるわけにいかないからだ。なやみを体験していない説教師の説教は、一片の理屈に終わって、感銘を与える力がない。心情にうったえる芸術的な迫力も出ないし、もちろん魂までしみこませるような宗教的な力もない。心も魂も失敗を重ねてでなければ育たないという原理からは、秀才型の人たちが、よってたかって、努めたとしても、非行青少年に対する心配は、砂地につっこんだ自動車かのようにタイヤが空転するだけではないのか。

困ったことだ、困ったことだと秀才型の紳士たちは、高い所から見下ろして、補導をうける青少年や、犯罪者の年次的増加について心配している。高度に開発された社会では、知能的頂点とその底辺との格差が増大するために、これまで軽微な道徳的患者だった者が、本格的な患者になるという原理を知らないことはあるまいに、また至当な打つ手を探さなければなるまいのに、高い所からのみ考えている感がある。もっと降りてきて、知能的底辺における人々のことを噛《か》みしめてみなくては、といってみたくなる。

6 「一日受刑者」となってみて

いよいよ刑務所入りだ。映画で見るあのガチャンと錠の下りる鉄格子の扉の中へだ。そこには、非行成人も非行何々も、うんざりするほど納め込まれている。

かねがね私は、法務省の矯正研修所で講義をさせられていた。「生活管理」という講義だったが、全国の刑務所の職員たちの集まりでだ。

けれども、実際に刑務所の中を見たことがなかった。それが偶然のきっかけで、刑務所の中に入れてもらって、そこの現実の状況を見てみなければ埒《らち》があかないことができたのである。

従来の受刑者の服装は、余りにゆううつだから、それを時代に添うようなものに改めたい、というのが法務当局の考えだったのだ。それを私たち同志がやっているユニホームセンターに、法務省の矯正局から依頼してきたのである。

「では、一日受刑者にお願いできましょうか、現実の状況を知りたいので」とお願いして、その許可を得たのだ。

矯正局所管下に、いろいろな矯正所がある。「少年院」「愛光女学校」「補導院」「医療刑務所」それから東洋一の施設だという「府中の刑務所」などであるが、それぞれに収容されている人たちへの改革服の立案を要求されたので、できるだけ見学させてもらうことにしたのである。

今日の法律の知識のある人ならばわかるのであるが、今日では、収容している人々をできるかぎり、再び非行をしないように矯正しようということがモットーとされている。昔のように刑罰を科する所ではなくて、再び刑を犯さないように矯正につとめるという主旨になっている。できるだけ真人間になるように矯《た》め直すことが、管理者たちに負わされているのである。収容されている非行青年、非行婦人、非行成人たちを真人間になるように矯正する仕事を直接つとめているのであるが、そこの雰囲気は、知能的教育に専念している学校とは、まるでちがった厳粛《げんしゅく》なものがある。

7 囲いの中だけにヒバリが巣を

ずっと昔の話になるが、その当時鬼検事といわれた同郷の友人から相談をうけて、刑務所から出て来たが、職にありつけない人たちに手取り早く職を与えようという目的で、クズ屋を経営しようという仕事に手伝ったことがある。こんど、一日受刑者の経験を与えてもらって、いまさらに、そのときの検事の心についてまともに考えることができたのであった。非行青少年たち、非行成人たちに毎日接して、その人たちにみられる人間味、涙を含んで人生そのものをみているような心情がわかるのである。それはとうてい、学校の教室や教員室における教員たちにみられるようなものではない。学校と刑務所と、どっちが天国で、どっちが地獄なのか。果たしてどうなのか。とにかくそれらのあいだには雲泥のちがいがある。

受刑者一人一人の性格や性癖をつかまえて、刑務所の管理者たちはかれらに応対している。

昔なら、ばっさりと刑罰を科するための監督をしておればよかったのだろうが、今日の矯正という モットー の下では、不良児を何とかして、正常にもどしてやろうという願いで、技術に熱中させてみたり、スポーツをやらせてみたりしている。まるで母親の心そのものが、少年院の管理者たちにはみられるのだ。

八王子の医療刑務所(受刑者たちの病院で多くは長期にわたって治療を要する人たちを収容している所)の構内を所長が案内してくれたとき、所長の述懐がきけたのだったが、「もとはねえ、この辺一帯は春になると、ヒバリが巣を作っていたものでしたが、今では、ここの刑務所の囲いの塀の中だけを求めてヒバリが巣を作っておりますよ」と語ってくれたのであった。不思議にその言葉は詩のようにひびく。刑務所の囲いの外の社会は、今日生きていくための生存競争の場、弱肉強食の場であることを象徴するかのようにひびく言葉だ。そして、生存競争の真っ只中に知能の競技場のかたちで営まれているのが、今日の学校というものだとうけとれるし、また、家庭も、そういう社会の魔力にひかれて営まれているのではないかと思われてくる。そして、思いきり高い空で鳴きたいヒバリが象徴しているのが、この世の青少年たちではないのか。

8　そして刑務所と学校と

先にもいったように、人づくりの掛け声は、もともと通産省あたりでよろこぶような、有能な人材を育成するという意味で、その口火が切られたと思えるのであるが、それがしぜんに非行青少年のことに世論が動いたのだ。そして各官庁が、我田引水式に、それはわが省で、おれの所でという風になったことで、人づくりということの内容は二つに割れてしまった。一つは秀才づくり、別の一つは非行青少年の問題というようにだ。そしてこの二つは、一つの言葉から生み出されたのだったが、全く性質がちがい、水と油のように分離せざるを得ない問題なのだ。

そしてそれが政治の問題や社会の問題から家庭の問題にまで飛び火して、家庭づくりをこそということが、当面の問題かのようになって来た。事実、家庭においても、秀才づくりと非行青少年をなくする問題とは、矛盾をはらんだまま、同居している感がある。

今日の入学地獄に直面させられている家庭の親たちの理性はこのことにかけては弱い。考えが二元的に分裂して、どうにもならないで苦しんでいるのが実状だ。

こうして、国としても、家庭としても、人づくりの頂点の問題と底辺の問題とを抱きかかえているのが今日の現実なのだ。あたかもそれは、成長経済を高唱しているうちに、しぜんに、物価高というじめじめした問題にめぐりついたようにである。

秀才づくりといえば生存競争と結びつくし、家庭づくりといえばその逆な道が予想されてくる。余程恵まれた例外的な家庭であるなら、万事ＯＫで摩擦なしに進み得ようけれど、いっぱん的には、秀才づくりと家庭づくりとは別な道をたどらなければと考えたい。

法務省の矯正局といえば、非行青少年や非行成人たちをうけとって、教化あるいは教育につとめる所、そして文部省といえば、小、中、高校、大学まで、秀才教育をねらいとする感がある所、というように、今日の行政機構ができているようだが、一方は教育という言葉を使わないで矯正というややこしい言葉を使っている。もともと、教育と矯正とは一本のものと考えていいようなのだが、果たして、教育学と矯正学との概念と内容とはどうなのだろうか。いろいろな理屈があるのだろうが、家庭教育と家庭矯正と書いてならべてみると、そこにはっきりした区別がないと考えてもいいのではないか。

思いたくはないが、もしも、いまよりももっと、世の中に現象している非行青少年についてのなやみが甚《はなは》だしくなっていくならば、いまの文部省は秀才教育省とでも改名し、そして法務省から分岐して国民矯正省とでもいう部署をおくことも必要だとなってくるのではないか。そうなるならば、現在漠然とした意味に使われている教育という言葉もはっきりし、従って人づくりは文部省にばかりまかしておけないこともはっきりしてくるのではないか。

現に今日の多くの家庭の母親たちは、わが家の子どもたちの進学の心配と、不良化しないようにとの心配との二つを抱えて、なみなみならぬなやみを経験しつつあることが、婦人会の集まりなどに出てみるとわかる。それで、通り一遍の講演をやっている講師たちは敬遠されるし、あるいはまた、きびしい吊るし上げに遭っているという逼迫《ひっぱく》した状況なのである。

そこで空想が湧いてくる。一時的でもいいから、法務大臣と文部大臣とを交換して、それぞれの場を経験させてみる。もっとやりよい案としては文部省の役人と、法務省の役人との交流をやって、教育というものと矯正というものとの両方を体験させてみる……。そうしてからものをいってもらうのでなくては、といいたくなる。もともと道徳と法律との差別は、社会秩序を保つ上に紙一重のちがいのものなのだろうから。

（一九六七年 七九歳）

ジャンパーを着て四〇年

着だしたきっかけ

それは大正一二年の関東大震災のときだったから、もうすでに四〇年になる。借家住まいだった家は、地震でつぶれてしまった。もちろん東京の目抜きの街は見渡すかぎり焼野ガ原となってしまったのだ。しかし、またたくまに、街の中心部は復興し、また東京の広がりが郊外へとのびた。そののち、戦災で焼けてからは、いっそう広がりがのびて、東京は今日のように、武蔵野一帯に広がって、世界一のマンモス都市といわれるものになった。

震災のときも、戦災のときも、乱世の昔ではないが、みんなの服装はぎりぎりの粗服になってしまった。戦災のときには資源は全国的に欠乏していたから、ながらくちぐはぐのきたない服を着ていなければならなかったが、震災のときには、国中の同情を集めて、またたくまに、もとのとおりに復活する気配をみせたのである。

しかしいささか墨染《すみぞ》めの衣《ころも》の心境もあって、ぼんやり者の私の服装だけは、手遅れになって、震災当時のままでストップしたのである。街にでて、ペンキ屋などをやって、道草を食ってい た関係などもある。今日ならばそれはジャンパーと呼ばれる服であろうが、その当時は菜っ葉《なっぱ》服(1)といって、工場の職工たちが着ていた作業服だったのだ。それ以来、そのままが、自他ともになれになってしまって、ジャンパーの先生で今日にいたっている。

世間とのまさつ

「世のなかとのまさつは感じませんか」と、しばしば聞かれるのだが、もちろんそれはある。しかし、そういうときは、私にとって、服装というもの、エチケットというものを哲学する機会だったのである。しかしそういうときは、世のなかの習俗というものについて哲学する機会だったのである。

震災後、まもなく、もとのような服装の世のなかにかえるきざしがみえだしたとき、そのことをみつめて「考現学」提唱の旗をたてたのだ。服装その他の風俗は、どういう順序で変わっていくものかを記録調査でやってみようという企てだったのである。枝葉のことになるけれど、そのために、これまで教えをうけていた柳田國男先生から学問的破門をされてしまった。「君はけしからん、君のやろうということも民俗学の枠のなかのものだよ。考現学とはけしからん」と、きびしく叱られた。「だって先生……」とのどまででてきたのだが、お返事はしないで素直にひきさがったのである。街の鋪石《ほせき》にすわって通行人の風俗を数えたり、また貧民街で同じことをやるのには、背広の紳士の格好では不適切で、ジャンパー、否、菜っ葉こそ便利な服だったのだ。世のなかの風俗を客観するのには、これでいいという理由からも、ジャンパーでいこうという自覚が固められたといっていい。

こうして、考現学の先生と、ジャンパーの先生とは、私にとって同義語に当るわけだ。

もともと私そのものの地金は、のんき者なのであろう。けれども、暮らしの型とかエチケットというものには鈍感ではないつもりだ。それらについて気をつけて学んでみてもいる。小説を読んでも、社会史や文化史などを読んでも、それらにふれている事項には、いつもアンダーラインをひいている。一七、八世紀のヨーロッパの宮廷が本源となっているエチケットや、一九世紀のイギリスのビクトリア女王のお好みにこたえたイギリスの紳士諸君の背広服の装いや、また、足利義満の礼法復活や、徳川綱吉時代の、吉良上野介《こうずけのすけ》、水島卜也《ぼくや》(2)などの礼儀作法の発行元とみられる人びとのことにも、いささか注意してみている。けれども、今日の、それらの人びとの末社格とみられるような、令夫人や重役さんやサラリーマンたちを対象にして、直接に風俗批判をやることは、大人気ないこととも思っているのである。

それで、ジャンパーを着だしてから、約四〇年間、否、定年退職後を差引くと三五年間も学校の教員を無事に勤めてきた。いまでは定年者として自由な立場にいるのだが。

ジャンパーを着ても、どこかあいきょうがあったせいだろう。先輩や同僚たちは見のがしてくれた。先輩の先生だった佐藤功一さんからは、「君の顔貌は小山内薫《おさないかおる》(3)さん系の美男子型なのに、手入れをしないのは惜《お》しいもんだ」とご好意からのアドバイスをちょうだいしたものだ。学生たちは敏感で、何か考えている先生だなと思ってくれたようだ。もちろん学生たちには、「学校の教員というものは諸君を育てる仕事をする職人だと私は考えているよ」と、ときたまいったりした。入学式や卒業式などのときには、ジャンパーの上に、学校で制定しているガウンを着ればよかったが、その衿元を見て、微笑を送る先輩もいたけれど。

家庭の妻や子どもたちは、どうみていたかというと、はじめは大まさつだった。みっともないとか、失礼だとかいう世のなかの通念をふりまわした。世のなかでの悩み以上にこれにはまいったのだが、そこは根性の問題だと思って我慢した。なれてしまうと小言も消えるだろうと待ったのである。

婦人会などの講演に呼ばれていくと、東京の目黒あたりの高級住宅地のPTAの席などではいけない。アカとみるらしい。坊主がにくけりゃ袈裟《けさ》までにくいの逆、袈裟がにくけりゃ坊主までにくい、とくるらしい。けれども、中央線沿線あたりの住宅で暮らしている奥さんたちにはうける。地方の都市でも、だいたい背広の先生たちよりはうけがよい。大学の校友会の講演会で地方巡りで二、三の先生たちと一緒のときなどには「君にでられるとこっちが負けるよ」などと笑い話がでたりする。とくに農村の婦人たちの集りや、工場地の婦人たちの席では、満点にうける。「私は家に帰っても、背広服も、ネクタイも、皮の靴もないんです。だからそれだけお金が残る……」などという拍手がわいたりする。

ジャンパーの定義

私は、ジャンパーの定義をこう考えてみている。いわゆる一九世紀以来のイギリスの紳士好みの服、肩や衿にパットや心布を入れ、袖つけを窮屈につくり、胴にもダーツ(4)を入れてつくったような服でなくて、肩も袖つけも柔らかくて自由な行動ができる服のことだと単純に決めている。そのまま長押《なげし》の釘につりさげておいても、形がくずれるという心配のない服のことだと。だから飾りたてた洋服タンスもいらないわけになる。

それで、社交の本舞台にでるのにはどうするか、という質問が当然でると思うが、いわゆる冠婚葬祭にはジャンパーのままと決めている。もともと、結婚の座は祝福の劇、葬式は悲しみの劇なのだろうから、それにのぞむのに、必ずしも、婚儀屋や葬儀屋で決めている形式的な装いをしなければという法はないはずだと考えているからだ。心のもち方からしぜんにわく表情と言葉だけですむはずのものだと決めているからだ。

教員時代に懇意にしていた、当時の学生だった青年が、「結婚をすることになりましたので、どうか先生に仲人になっていただきたい。お願いします」とひょっこりやってきたりする。「よろしい。喜んでやるよ。けれども、私にはモーニングも背広服もないのだから、それで承知なら、喜んでやるよ」といえば、「実はそこを見込んで……」と殊勝《しゅしょう》な言葉が聞けたりするが「ごちそうなどは簡単にやることだよ」とおいうちをかけたくなる。

いつか、そういうきっかけで仲人にたたされて、ムコサン、ヨメサンの紹介演説をぶったとき、その席に列席していた東畑精一《とうばたせいいち》(5)さんや、蠟山政道《ろうやままさみち》(6)さんから、「あんた演説がうまい、素敵なもんだ」と、ほめられたことがあった。ジャンパー姿の男は、形式などにかまわずに率直なもののいい方をするので、何か新鮮な感触を与えたからだろう。

ちょっとまごついたことがある。ある夏のことだったが、自宅で裸で、何かの調査報告を書いていたとき、玄関に来客があった。取次にでた妻から言葉を聞いてみると、御殿場《ごてんば》にご静養中の宮様からのお使いだというので驚いた。そそくさと何かをひっかけて、あいさつにでてみたらば、「T宮様(7)からの使いで参りました、あなたの書かれた本を宮様がお読みになって、ぜひ、お目にかかってお話を聞きたいというので、ご足労でも御殿場までおいで願えませんでしょうか」というのだった。

そのときは困却した。正直に申しあげた。「私は作法も知りませんし、また服もありませんので、ご辞退したほうがと思いますが」といったらば、「そのほうがかえって宮様が喜ばれるのですから」ということだったので、ではといって、日取りを約束した。

ジャンパーで宮様を訪ねたのである。

御殿場駅でおりたら、宮家からのお迎えの自動車がきていた。それにジャンパー姿で乗せてもらった。宮様は、気楽な装いで邸内のつげの垣根を刈込んでいられたが、対顔の最初の言葉は「つげの葉はお茶のかおりがするけれど、お茶にならんのでしょうか」というのであった。それは門ちがいのことだから「さあ……」と答えたが、こっちはジャンパーに運動靴、宮様はスポーツ服での対談であった。

それからお茶をよばれて、いろいろ旅で見た話などを、質問のままに、ゆっくりとりかわしたのであったが、昼食を、妃宮様のお手づくりの食事を、宮様お二人と私だけでいただいて帰ったのであった。

国際的パーティー

いっそう公式の席、しかもアメリカのアリソン大使(8)の催《もよお》したティーパーティーに招待されたときは考えた。こと国際関係だ。せっかく招待を受けたのに、着物がない。いったものか、やめにするかと迷った。迷った結果、ものはためしだ、エチケットの実験のつもりで、どういうあしらいを受けるか、このままの格好でいってみようと、もしも受付でいやな顔をされたら素直に帰るつもりで、肚《はら》を決めてでかけた。もしもアメリカの建国精神が生きているならば、むしろ今日のセールスマンのような格好こそそけなさるべきはずのものなのだから、その精神がアメリカ人の間に今日も生きているかどうかを、試してみようという、積極的な含みでいったのである。ジャンパーでズックの運動靴の姿で。

受付氏はぶじに通してくれた。日本人のように、頭から足の先まで、身分鑑定をするようなことをしなかった。導かれて会場に入った。その入口のドア近くに、大使夫妻が立っていた。

案内してくれた人が、私の名を呼びあげて紹介したら、大使夫妻がにこにこした、なんのわだかまりもない表情で握手を求めたのである。そのときの私の心境は探索者のそれであった。はたして大使夫妻の肚のなかはどうなのかをつかみたかったのである。ちょうど握手しているとき、早大総長（当時島田孝一さん）の顔も見えたが、その総長は「やつ、やったな」というように、ニッタリ笑ったのである。それで、着飾った紳士淑女のなかに入って、パーティーに招かれた客として楽しく過ごして帰ったのであった。

愉快だった。アメリカの建国精神は生きている。そのことを書いてみたいと思っているとき、都合よく〃随想〃を何か、と某紙から頼まれたので、「ジャンパー姿でパーティーへ」という文を書いて送った。それが新聞にでた。それをアメリカ大使館で目をつけたという。翻訳して大使館員一同に回覧したそうである。それを読んだ大使館のみなが、「日本にもものわかった男が一人おったのか。日本人といえばみながみな、イエスマンであり、イエスレディーであるとばかり思っておったのに……」と、手をうって快哉《かいさい》を叫んだという。その通信を受けたときは楽しかった。

（一九六七年 七九歳）

坑内帽

坑内帽とは、炭鉱労働者がサキヤマ(1)の作業に従事するとき、坑内に冠《かむ》って入る帽子のことである。

炭鉱労働者たちが地下深く下りていく、その坑口の入口に、坑内用のランプを渡す場所があるが、そのランプには何千何百何十何番というようにいかしめしい番号がついている。渡されたそのランプを労働者各自が帽子の前面にさし込むのであるが、それをさし込めるような金物が、小さいまびさしの上に立っていて、その金物が折れ曲げられて帽子のてっぺんにも伸びているのである。そして、かれらは腰に大型の蓄電池を下げて、頭の上のランプまでコードを連接して装うのであるが、そのコードをとめる仕掛けが、ちょうどちょっとした飾りかのように、トルコ帽とでもいえる形の帽子のななめ後にスナップ式についているのである。

そして帽子のうらをみると、たたんだ手拭を頭のてっぺんに当るところにさし入れられるように、テープが斜め十文字につけられている。これでちょっとした落下物なら危害が防げるのだそうであるが、なかなかどうして坑内の岩盤の落下が叶わないのだそうである。で、もしも坑内で事故があったときには、坑口のランプ渡し場でしらべると、帰って来ないランプの番号を読むことで、誰々が、ということが直《す》ぐわかるのだそうだ。だから坑内帽そのものこそ、かれらの生命の代表者だともいえるのだそうだ。

わたくしは、その帽子のいかにも機械主義的な作りであることに感心したので、借りていじくってみながら、上のようなはなしをききとったのであった。まるでそれは、かつて潜水夫服について学んだときと同じ感銘だった。

ところで、わたくしは何故炭鉱町をそのようにのんきに歩きまわったのかといえば、三井炭鉱会社から炭鉱労働者たちの家屋生活をもっと朗かなものにする方法はないものか、どうでしょう。というので歩いてみたのである。九州の三池《みいけ》と山野《やまの》とそして田川《たがわ》とを旬日《じゆんじつ》にわたって歩いたのである。ジャンパーにズックの靴のわたくしのいつもの装いのままでである。で、わたくしの家の玄関の釘に今日もかかっている坑内帽は、そのとき山野炭鉱の岩崎さんにせびってもらって来たものなのである。

さる会合で、わたくしは炭鉱地の生活について話をするのに出掛けるとき、現地の実感がでるだろうと思ったので、ついその帽子をかぶって出掛けたのであった。「父さんすごいぞ」と息子にひやかされたのだったが、帰りは一つこれで銀座だ、などといいおいて出掛けたのであった。

それで、省線の電車に乗って気がついたのである。吊り革にぶら下りながら気がついたのである。番号は登録して来なかったが、押すな押すなのすし詰めの電車の中は、命がけな点において坑内にも比敵される、いな坑内の方がもっと足元が整備している、坑内帽こそ今日の電車やバスの乗客にはむしろふさわしいのではないか、などと余多《よた》的な考えに浸ったりしたのだった。お母さんにつれられた幼い子供がしきりにわたくしの帽子を不思議なものを見る目で見入ったりしたのにも気がついたが、さすがに大都市の紳士も淑女も、人の風体のことにはかかわるものでないという都会人的なエチケットを示していたのも観察できた。

銀座では、帽子――それを婦人たちがかぶっているのが大分増えたのであるが――そのデザインはだらしがないのが多い。男子たちと来ると、全く彼氏らは習慣肯定のままの装いで、そのことに何等の疑問ももたなそうだ。それらの間の人ごみを、無作法ななりのまま、炭鉱労働者の職場での坑内帽をかぶって歩いていると、まるでロンドンのアチック(2)の窓からのぞいてる、あのカライル(3)の「衣裳哲学」の主人公の言葉の文句のような感慨が、などと気がついた。

先達《せんだって》の旅で、わたくしは、炭鉱労働者たちの生活の新しい調整について、労働者の奥さんたちと話し合って来たのであった。金の使い方について、時間の使い方について、しきりに話し合って来たのであった。そこで十分用心深くかまえたのではあったけれど、うっかりやりこめられたりしたのだった。労働力を直接売る仕組みの人たちの家庭生活というものの持つ特性は、……などなど、とつい銀座通りの歩道のまん中で考え事におちていたのである。炭鉱の奥さんたちの表情と言葉とが、消化し切れないままわたくしの胃袋にのこっている、それが出てきたのである。

（一九五二年　六四歳）

結婚披露の会での演説

私は懇意にしている青年の結婚披露の会へ、はいってみたくなる。愛しあった二人が、これから社会にたとうとして、どんなにうれしい顔をしているかを見たくなるからだ。そういう場面に接することは、人生の最大のレクリエーションだとも考えているからだ。

けれども、世間的には、私にそういう会合にでる資格はない。モーニングもないし、背広もない、皮の靴もない。ジャンパーでズックの靴ででかけるほかない。今日もまた着るべき服を着ていないので、どんなあしらいをうけるかと、不安定な心でいったのである。

ところが優遇されてしまった。年配の関係だったのだろう、花婿さん花嫁さんの並んでいる真正面の席を与えられた。そこで媒酌人《ばいしゃくにん》のお二人の紹介の辞がすんでから、「どうかお祝いの言葉を」と私が指名されたのだ。場面は豪華な宴会場で、来賓《らいひん》たちは、男子はモーニングか黒の背広で、婦人たちは裾模様に広帯の礼装である。あいさつにたった私だけが、グレーのジャンパーでズックの靴、そしてバリカン刈りの頭だった。

一応おめでたい何かをいったが、いっているうちに、私にわいてきた感想をいってみたくなった。

「……どうか、私の推定をお許し願いたい。こんど五〇年の将来には、今日のような席に集まる人たちの服装は、私の着ているような服を皆が着ているはずだと、私は計算しているのです。どうか今日の私の姿とそして私の言葉とをご記憶願いたい。今日祝されてここにすわられている新婚のお二人が、円満な家庭を営まれて、お孫さんたちの結婚式場に臨まれたときに、どうか私の今日の姿を思いだしてください。あのときにあの人が予言した通りの世のなかになったねえ、と思いだしてもらえると思うのです」

実際そのときの私の目には、その場の席の有様は、まるで五〇年前の過去の情景のようにうつったのであった。形式事にくよくよしている集りに見えたのである。過去世代の服装生活にあくせくして苦労している人びとの集りに見えたのである。

どうやらユーモラスに皆が聞きとってくれたらしいので、私も愉快だった。

（一九六七年　七九歳）

註

鈍才先生

1［柳田國男］日本民俗学の創始者（一八七五〜一九六二）。

考現学とは何か

1［浜田博士］考古学研究者の浜田耕作（一八八一〜一九三八）。**2**［喜田川守貞］風俗史家（一八一〇〜?）。『守貞漫稿』で江戸の風俗を筆録。同書は明治期『近世風俗志』として刊行。**3**［嶋中雄作］『婦人公論』初代編集長、中央公論社社長（一八八七〜一九四九）。**4**［銀座風俗調べ］一九二五年の「東京銀座街風俗記録」のこと。**5**［貧民窟や…］同年の「本所深川貧民窟付近風俗採集」のこと。**6**［山の手の郊外のそれ］同年の「郊外風俗雑景」のこと。**7**［キューリアス］好奇心が強いこと。**8**［カフェー］女給（ホステス）が客に洋酒や洋食を供する飲食店。

ユニホーム以前のこと

1［美校］一八八七年に設立された東京美術学校の略称。東京藝術大学の前身。**2**［バラック建て］ありあわせの材料で粗末な仮小屋、掘立小屋を建てること。**3**［新居格］評論家（一八八八〜一九五一）。「モガ」はモダンガールの略。**4**［吉田謙吉］舞台装置家（一八九七〜一九八二）。今らとバラック装飾社を設立。今との共著に『モデルノロヂオ（考現学）』がある。**5**［尾崎秀実］共産主義者（一九〇一〜四四）。ゾルゲ事件で処刑。尾崎はこの展示の受付の女性と結婚したと、のちに今は語っている。**6**［田辺茂一］紀伊國屋書店創業者（一九〇五〜八一）。**7**［中川紀元］洋画家（一八九二〜一九七二）。**8**［飛鳥哲雄］画家、デザイナー（一八九五〜一九九七）。**9**［吉邨二郎］画家、デザイナー（一八九九〜一九四二）。**10**［新人会］一九一八年に東京帝国大学で結成された社会主義学生団体。二九年解散。**11**［セツルメント］労働者街やスラム街に定住して、援助や社会運動への参加を呼びかけるための施設。**12**［服部之総］思想家、歴史学者（一九〇一～五六）。**13**［末弘厳太郎］民法・労働法学者（一八八八～一九五一）。**14**［立ちん坊］道端に立ち車の後押しなどをして駄賃をもらう人。**15**［平福百穂］日本画家（一八七七～一九三三）。**16**［松岡映丘］日本画家（一八八一～一九三八）。柳田國男の末弟。**17**［『新版大東京案内』］今和次郎が編者となり、一九二九年に刊行。**18**［中谷宇吉郎さんの弟］考古学者の中谷治宇二郎（一九〇二～三六）。帰国後若くして亡くなる。**19**［紳士淑女以外］今の没後に荻原正三編『今和次郎 見聞野帖 絵葉書通信 欧州紳士淑女以外』が刊行された。**20**［ロココ・スタイル］一八世紀のフランスを中心とする西欧の美術様式。**21**［渋沢敬三］実業家（一八九六～一九六三）。アチック・ミューゼアム（日本常民文化研究所）を開設。**22**［スカンセン］伝統的建築物を移築、展示するスカンセン野外博物館のこと。一八九一年開館。**23**［万博］一九七〇年に大阪府で開催された日本万国博覧会のこと。**24**［バロック・スタイル］一六世紀末から一八世紀にかけての西欧の美術様式。

「考現学」が破門のもと

1［石黒忠篤］農林官僚、政治家（一八八四～一九六〇）。

下宿住み学生持物調べ（Ⅱ）

1［出井盛之］経済学者（一八九二～一九七五）。**2**［モリス］ウィリアム・モリス。イギリスの詩人、美術工芸家（一八三四～九六）。**3**［セル］主に梳毛糸を使った和服用毛織物。

物品交換所調べ

1［ブラックマーケット］闇市。戦後の日本で統制品を法外な金額で売買した。**2**［引揚者］敗戦のため、外地から日本に帰国した人。

民家の旅

1［新渡戸稲造］教育家（一八六二～一九三三）。**2**［白茅会］柳田國男、佐藤功一の呼びかけで一九一七年に発足した、古い民家を保存する趣旨で調査を行う団体。**3**［天領］

江戸時代の直轄領。 **4**［旗本知行地］将軍家直属の臣下である旗本に与えられた土地のこと。

雪国の民家

1［一丈］約三・〇三メートル。

南部の町家

1［積雪地方農村経済調査所］一九三一年の東北の大凶作後に設立。今は農林省の委託で郷倉制度を調査し、一九三四年に「郷倉建築仕様書」を設計。 **2**［柳宗悦］美術評論家（一八八九～一九六一）。民藝運動を提唱。 **3**［河井寛次郎］陶芸家（一八九〇～一九六六）。 **4**［浜田庄司］陶芸家（一八九四～一九七八）。

物干竿

1［この小集］一九二七年刊行『民俗と建築』。 **2**［タッツケ袴］膝から下を細くし下部を脚絆のように仕立てた袴。

カマド道楽

1［カマド］竈。煮炊きをするための設備。 **2**［七リン］七輪、七厘。簡便な土製のこんろ。 **3**［沼畑氏］沼畑金四郎。生活学者（一八九五～一九七〇）。守屋氏、奥田女史は不明。

子ども部屋不要論

1［仕口材料］柱と梁、筋交いと柱などの部材を接合したり交差させるための材料。

思い出の品の整理学

1［船ダンス］船乗りが船室で用いた箪笥。

郊外・街路・書斎

1［南京下見］板の下端を、その下に張った板の上端に少し重ねて張ること。 **2**［スタッコ仕上げ］大理石に似た表面の仕上げを行うこと。

早稲田村繁昌記

1［津田左右吉］歴史学者（一八七三～一九六一）。 **2**［坪

内逍遥」小説家、劇作家（一八五九～一九三五）。**3**「島村抱月」評論家、新劇指導者（一八七一～一九一八）。一三年、松井須磨子と芸術座を創設。**4**「メーテルリンク」ベルギーの劇作家、詩人（一八六二～一九四九）。『青い鳥』などの戯曲は日本でも翻訳・上演された。**5**「佐藤功一」建築家（一八七八～一九四一）。今は早稲田大学建築学科の助手として佐藤に師事。**6**「相馬御風」詩人、歌人、評論家（一八八三～一九五〇）。**7**「ウィルソン大統領」第二八代アメリカ大統領（一八五六～一九二四）。ベルサイユ講和会議で国際連盟設立を実現。**8**「吉野作造」思想家（一八七八～一九三三）。民本主義を唱え、大正デモクラシーの中心人物になる。**9**「ギルド」同業者による仲間的な団体、組合。**10**「新円切替え」一九四六年、インフレ対策として日本銀行円が発行され、旧円の流通が停止された。**11**「島田総長」交通経済学者の島田孝一（一八九三～一九八七）。四六～五四年に早大総長。

風俗は動く

1「アンコ」伊豆大島で娘のこと。絣の着物に前垂れ、頭に手ぬぐいという格好で知られる。

うつりかわり

1「ミルクホール」牛乳やパンなどを供する簡易な飲食店。**2**「同潤会」関東大震災の復興支援のため、東京や横浜などに鉄筋コンクリート造りのアパートを建設した団体。**3**「文化住宅」大正から昭和初期にかけて流行した、和洋折衷の住宅。**4**「NHKの放送局」一九二五年、愛宕山で東京放送局が日本初のラジオ放送を開始。翌年、社団法人日本放送協会が成立した。

学ぶ態度と教える技術

1「K博士」植物病理学者の草野俊助（一八七四～一九六二）か。今と草野は一八年に神奈川県内郷村の調査に参加した。**2**「生活改良普及員」第二次世界大戦後、農山村漁村の生活改善を指導した地方公務員。**3**「佐藤総理」佐藤栄作。政治家（一九〇一～七五）。六四～七二年に首相。佐藤の郷里は山口県田布施町。

人づくりの哲学

1［早稲田大学…］一九四六年、工芸美術研究、技術員養成の目的で設立。五〇年廃止。**2**［會津八一］歌人、書家、美術史家（一八八一～一九五六）。**3**［新井泉］デザイナー（一九〇二～八三）。新井泉男としてバラック装飾社や考現学採集に参加。**4**［工手学校］中等技術者を養成する目的で一九一一年に開設、夜間授業を行った。四八年廃校。**5**［内藤多仲］建築家（一八八六～一九七〇）。東京タワーなどを設計。**6**［正木直彦］教育家（一八六二～一九四〇）。〇一～三二年、東京美術学校校長。**7**［上山草人］映画俳優（一八八四～一九五四）。**8**［山田耕筰］作曲家、指揮者（一八八六～一九六五）。**9**［サトウハチロー］詩人、小説家（一九〇三～七三）。**10**［池田首相］池田勇人。政治家（一八九九～一九六五）。六〇～六四年に首相。「所得倍増」を唱えた。

ジャンパーを着て四〇年

1［菜っ葉服］工場労働者などが着る薄青色の作業服。**2**［水島卜也］江戸前期の有職家（一六〇七～九七）。武家礼法を民間に普及。**3**［小山内薫］劇作家、演出家（一八八一～一九二八）。**4**［ダーツ］洋裁で布地を体の曲面に添わせるための細長い三角形の織り込み。**5**［東畑精一］経済学者（一八九九～一九八三）。**6**［蠟山政道］政治学者（一八九五～一九八〇）。**7**［T宮様］高松宮宣仁親王（一九〇五～八七）か。**8**［アリソン大使］アメリカの外交官（一九〇五～七八）。五三～五七年駐日アメリカ大使。

坑内帽

1［サキヤマ］先山、前山。炭鉱で直接に切羽で採掘にあたる作業員。**2**［アチック］屋根裏。**3**［カライル］トーマス・カーライル。イギリスの著述家、歴史家（一七九五～一八八一）。

今和次郎

こん・わじろう（1888~1973）

考現学者・生活学者

生まれ

明治二一（一八八八）年七月一〇日、青森県弘前市百石町に誕生。父・今成男は医師。母はきよ。東奥義塾中学校卒業後、一家で上京。明治四五（一九一二）年、東京美術学校図按科を卒業。岡田信一郎の推薦で、早稲田大学に開設されて一年目の建築学科の助手となり、佐藤功一に師事する。大正四（一九一五）年には同大の助教授となる。

家族

弟の今純三（一八九三～一九四四）は東京で洋画を学ぶが、関東大震災を受けて青森に帰郷。版画の研究を始める。和次郎の『モデルノロヂオ』に「青森風俗断片」を寄稿。再上京したが、戦時中の昭和一九（一九四四）年に病没。

民家の旅

大正六（一九一七）年、柳田國男、佐藤功一の呼びかけで、各地の古い民家を保存する趣旨で白茅会が設立される。草葺き屋根に使われる茅が風化すると白くなることから命名された。今はこの会の調査に参加し、家のスケッチや間取りの採集を行った。その後、単独で全国の民家を採集し、大正一一（一九二二）年に初の著書『日本の民家』を刊行した。

考現学

大正一二（一九二三）年九月一日に発生した関東大震災の直後から、家屋の復興状況を調査し、吉田謙吉らとバラック装飾社を設立。日比谷公園の食堂、銀座カフェー・キリンなどを手掛ける。大正一四（一九二五）年には「新しくつくられていく東京はどういう歩み方をするものかを継続的に記録する」ために、銀座の風俗調査を行う。「考現学」の名を初めて使ったのは、昭和二（一九二七）年に紀伊國屋書店で開催した展覧会においてである。のちに今は考現学を提唱したことで柳田國男から「破門」されたと述べたが、実際にはその事実はない。

ジャンパー

今は早稲田大学をはじめ、日本女子大学、文化女子短期大学、工学院大学などで教鞭をとった。その領域は建築から家政学、生活学までと広い。作業服であるジャンパーは「本当の意味の近代的な服」だと考え、つねにジャンパーとズック靴という格好で大学や公の場に出た。

もっと今和次郎を知りたい人のためのブックガイド

『日本の民家』今和次郎著、岩波文庫、一九八九年（原本は一九二二年刊）

「この小さい本は、なるだけどんな人へでも興味をもって田舎の生活や家屋のことを知ってもらえるようにと心掛けてかいたものである」（初版の序）とあるように、前半で日本の民家の構造や間取りを概説し、後半には各地の農家、漁家、町家、小屋などのスケッチと解説を収録している。のちに改訂版、増補版も刊行され、民家研究の古典として長く読み継がれている。

『考現学入門』今和次郎著、藤森照信編、ちくま文庫、一九八七年

初の考現学調査「東京銀座街風俗記録」や概論「考現学とは何か」をはじめ、考現学についての文章を収録したオリジナル編集。編者である建築史家の藤森照信は、昭和六一（一九八六）年に赤瀬川原平、南伸坊、一木努らと路上観察学会を設立。ふだんは見過ごしている路上の物件を発見する活動を行うとともに、考現学の再評価に寄与した。

『今和次郎　その考現学』川添登著、ちくま学芸文庫、二〇〇四年

今和次郎の仕事と人生を、とくに考現学の誕生に重点を置いて描いた評伝。著者は建築評論家。早稲田大学で今の教えを受け、『今和次郎集』全九巻（ドメス出版）の編集委員も務めた。本書は一九八七年にリブロポートから刊行されたものに補論を加えたものである。

『KAWADE道の手帖　今和次郎と考現学』河出書房新社、二〇一三年

著作集未収録の今和次郎のエッセイや論文を採録するとともに、さまざまな視点から今についての論文、エッセイ、対談などを掲載した入門編。インタビュー「生活革命の現場で」（聞き手・川添登）からは、今の肉声が伝わってくるようだ。

本書は、『今和次郎集』全九巻（ドメス出版、一九七一～七二年）を底本としました。ただし、「鈍才先生」は『実業の日本』（一九六八年九月）、「「考現学」が破門のもと」は『現代の眼』（一九六九年八月）、「民家の旅」は『日本の住まい』（電通編、大蔵屋、一九七四年）、「カマド道楽」は『美しい暮しの手帖』（一九四九年一月）、「景色買い」は『潮』（一九六七年八月）、「うつりかわり」は『展望』（一九六七年五月）、「人づくりの哲学」は『ジャンパーを着て四十年』（文化服装学院出版局、一九六七年）、「坑内帽」は『政界往来』（一九五二年三月）を底本とし、「民家の旅」は『今和次郎 採集講義』（青幻舎、二〇一一年）も参照しました。

表記は、新字新かなづかいに改め、読みにくいと思われる漢字にはふりがなをつけています。また、今日では不適切と思われる表現については、作品発表時の時代背景と作品価値などを考慮して、原文どおりとしました。

なお、文末に記した執筆年齢は満年齢です。

カバーおよび本文のイラスト 今和次郎の調査資料より（画・今和次郎）
所蔵 工学院大学図書館 今和次郎コレクション

STANDARD BOOKS

今和次郎 思い出の品の整理学

発行日――2019年8月7日 初版第1刷

著者――今和次郎
発行者――下中美都
発行所――株式会社平凡社
東京都千代田区神田神保町3-29 〒101-0051
電話(03)3230-6580[編集]
(03)3230-6573[営業]
振替 00180-0-29639
印刷・製本――シナノ書籍印刷株式会社
編集――南陀楼綾繁
編集協力――大西香織
装幀――重実生哉

ISBN978-4-582-53173-2
NDC分類番号914.6 B6変型判(17.6cm) 総ページ224
平凡社ホームページ https://www.heibonsha.co.jp/
落丁・乱丁本のお取り替えは小社読者サービス係まで直接お送りください
(送料は小社で負担いたします)。

STANDARD BOOKS　刊行に際して

STANDARD BOOKSは、百科事典の平凡社が提案する新しい随筆シリーズです。科学と文学、双方を横断する知性を持つ科学者・作家の珠玉の作品を集め、一作家を一冊で紹介します。
今の世の中に足りないもの、それは現代に渦巻く膨大な情報のただなかにあっても、確固とした基準となる上質な知ではないでしょうか。自分の頭で考えるための指標、すなわち「知のスタンダード」となる文章を提案する。そんな意味を込めて、このシリーズを「STANDARD BOOKS」と名づけました。

寺田寅彦に始まるSTANDARD BOOKSの特長は、「科学的視点」があることです。自然科学者が書いた随筆を読むと、頭が涼しくなります。科学と文学、科学と芸術を行き来しておもしろがる感性が、そこにあります。
現代は知識や技術のタコツボ化が進み、ひとびとは同じ嗜好の人としか話をしなくなっています。いわば、「言葉の通じる人」としか話せなくなっているのです。しかし、そのような硬直化した世界からは、新しいしなやかな知は生まれえません。

境界を越えてどこでも行き来するには、自由でやわらかい、風とおしのよい心と「教養」が必要です。その基盤となるもの、それが「知のスタンダード」です。手探りで進むよりも、地図を手にしたり、導き手がいたりすることで、私たちは確信をもって一歩を踏み出すことができます。規範や基準がない「なんでもあり」の世界は、一見自由なようでいて、じつはとても不自由なのです。
このSTANDARD BOOKSが、現代の想像力に風穴をあけ、自分の頭で考える力を取り戻す一助となればと願っています。
末永くご愛顧いただければ幸いです。

2015年12月

ロゴマークデザイン：重実生哉